学校で教えない日本史人物ホントの評価

山本博文・監修
Hirofumi Yamamoto

JIPPI Compact

実業之日本社

〈はじめに〉

日本史の人物はイメージと異なる一面を持つ

わたしは仕事柄、古文書をはじめとして、さまざまな史料と向き合っています。それらを読み解いていくと、日本史上、〝謎〟とされている事件の真相に近づけるのではないか、と思うことがあります。

たとえば、２０１４（平成26）年に発見され、林原美術館・岡山県立博物館が発表した一次史料『石谷家文書《いしがいけもんじょ》』もそのひとつです。本能寺の変が起こったきっかけとして、「四国説」がにわかに注目されたことは記憶に新しいでしょう。当事者である明智光秀を主人公としたＮＨＫ大河ドラマ『麒麟《きりん》がくる』で、本能寺の変がどのように描かれるか興味深いところです。

新たな事実でなくても、史料からは日本史の教科書に登場するような人物が、当時どのように行動していたのか、どのようなことを考えていたかが読み取れます。そこには、戦いに強くスーパースターのように世間に認知されている武将が、じつはそこまで華々しい活躍をしていなかった、日本史のターニングポイントで重大な仕事をやってのけたと思われていた人物が、じつはそこまで深くかかわっていなかった。真の立役者が別にいたことなど、過大に評価されていることもあります。

その反対に、才知あふれる父親と違って凡庸で何の成果も上げていないとされる実子や、評判の悪い政治を行なっていたからと良くないイメージを抱いていた為政者が、じつは多くの功績を残していることもあります。

このように過大・過小な評価がされてしまった一因は、信憑性の低い史料が広まり、あたかも史実であるように浸透したことが挙げられます。ほかにも、時代小説をはじめ、テレビドラマ、漫画、アニメ、ゲームといった作品の影響が大きいのでしょう。もちろん、それらの影響が良い、悪いといったことではありません。日本史の楽しみ方は人それぞれです。本書ではそうした日本史に登場する人物において、わたしたちが知っている面を〝表の顔〟とするならば、意外な一面である〝裏の顔〟までを紹介しており、これまでと違った日本史がきっと見えてくることでしょう。

東京大学史料編纂所教授　山本博文《やまもとひろふみ》

【目次】

PART3 世間のイメージとは、別の一面を持つ人物

PART5
いまひとつ知名度は高くないが、重要な人物

PART1

大河ドラマの主人公「明智光秀」その真の人物像

織田信長と似た者同士だった!?明智光秀の立身出世

〈生年〉不詳
〈没年〉1582（天正10）年

〝謀反人《むほんにん》〟の代名詞とも呼べる明智光秀。2020（令和2）年のNHK大河ドラマ『麒麟《きりん》がくる』の主人公であり、最も注目されている歴史上の人物といえるだろう。

光秀が主君である織田信長を殺したことは誰もが知っているが、その人物像の解釈はさまざまだ。江戸時代から現代までに創作された物語では、みずからの野望のために信長を殺した大悪人、信長の横暴に絶えかねてやむなく謀反におよんだ悲劇の武将、信長の持つ革新性との対比から、幕府や朝廷といった既存の権力・支配体制の守護者として描かれてきた。しかし、人間の顔はひとつとは限らない。光秀にも光と闇、双方の側面がある。

通説によれば、光秀が最初に仕えた美濃《みの》（現在の岐阜県南部）の守護・土岐《とき》氏に代わって美濃の国主となった斎藤道三《どうさん》であり、道三が嫡男・義龍《よしたつ》に倒されたのちに光秀は美濃を出奔《しゅっぽん》し、越前（現在の福井県東部）の大名・朝倉義景《よしかげ》の元で10年にわたって仕えたとされている。だが、この通説は江戸時代中期に成立した『明智軍記』など後世の軍記物が元となっており、信憑性が高いとはいえない。

光秀の名が初めて登場する一次史料は肥後（現在の熊本県）の細川家に伝わる『米田家《こめだけ》文書《もんじょ》』であり、その中の『針薬方《しんやくほう》』に「明智十兵衛尉高嶋田中籠城之時口伝也」との記述がある。これは十兵衛こと光秀が、近江《おうみ》（現在の滋賀県）高島郡の田中城に籠城していたことを意味する。田中城の城主である田中氏は近江守護・六角《ろっかく》氏の家臣であり、当時の六角氏は浅井氏と抗争をくり広げていた。

ただし、光秀は六角氏の家臣だったわけではない。『群書類従《ぐんしょるいじゅう》』に収められている『永禄六年諸役人附』は足利将軍家家臣の名簿ともいうべき史料で、そこには「明智」という足軽の名が記されている。つまり光秀は、室町幕府十三代将軍の義輝《よしてる》が暗殺される前後には足利家に仕えていたことになる。ルイス・フロイスの『日本史』には光秀を「賤《いや》しき歩卒」とする記述があり、低い身分から立身出世をスタートさせたことは事実であろう。

義輝の暗殺後、弟の義昭《よしあき》はまず若狭《わかさ》（現在の福井県西部）の守護・武田義統《よしずみ》を頼り、その後は越前の朝倉義景を頼った。ところが義景は上洛に消極的であり、義昭は信長に協力を要請する。このときの交渉役を務めたのが、当時、足利将軍の家臣だった細川藤孝《ふじたか》で、光秀はその部下であった。

信長から藤孝に送られた１５６８（永禄11）年の書状には、「詳細は明智に申し含めました。義昭殿によろしくお伝えください」と記されており、光秀は両者の伝達役を務めていたとみられる。いわば使い走りに過ぎない光秀が14年後に信長を討つとは、当時の誰が想像できたであろうか。

「比叡山の焼き討ちに反対」は事実ではない

間もなく信長は上洛し、義昭を十五代将軍の座に就けることに成功する。当時の光秀は足利と織田、両属の家臣という立場であった。その職務は行政や軍務、外交など多岐にわたり、1569(永禄12)年には村井貞勝や丹羽長秀《にわながひで》とともに京都の奉行職に任じられ、さまざまな文書の発給を行なっている。

また、1570(元亀《げんき》元)年の朝倉攻めでは、義弟・浅井長政の裏切りにより金ヶ崎に孤立した信長を救う働きを見せている。いわゆる「金ヶ崎《かねがさき》の退《の》き口《くち》」だ。殿《しんがり》を務めた木下《きのした》秀吉(のちの豊臣秀吉)の活躍が広く知られているが、光秀と池田勝正《かつまさ》も秀吉とともに殿を務めており、『当代記《とうだいき》』によれば、光秀の配下には500人ほどの鉄砲隊が組み込まれていたという。寛永年間成立の『当代記』は江戸時代中期に成立した『明智軍記』よりも信憑性が高く、この記述が事実であれば、光秀の鉄砲隊が活躍したことは想像に難くない。

話は脱線するが、光秀は三好軍が義昭の仮の御所を襲撃した本圀寺《ほんこくじ》の変で「大筒《おおづつ》の妙術」を駆使したという。ここでいう大筒とは、通常よりも大きなサイズの鉄砲のことだ。信長

明智光秀に関する年表

年	出来事
1563（永禄6）年ごろ	足利家に仕える。
1568（永禄11）年〜	足利家と織田家、両家に家臣として仕える。
1570（元亀元）年	朝倉攻めに参加。撤退戦で殿を務める。
1571（元亀2）年	比叡山を焼き討ちする。
1572（元亀3）年	坂本城を築城して居城とする。
1573（元亀4）年	室町幕府が滅亡。織田家のみに仕える。
1580（天正8）年	丹波国を与えられる。
1582（天正10）年	信長を自害に追い込む（本能寺の変）。 山崎の戦いで敗れ、最期を迎える。

主君を次々に変えていきながら、光秀は出世していった。

が本格的に鉄砲隊を導入するのは1575（天正《てんしょう》3）年の長篠の戦いであり、光秀は鉄砲の戦場での活用に関する何かしらの示唆《しさ》を信長に与えていた可能性がある。

さらにつけ加えるならば、光秀は築城の名手でもあり、1571（元亀2）年に築城の近江の坂本城は、信長の安土城に先駆けて天主（天守）を備えていたという。これらは光秀が信長同様の革新性を備えていたことの証しであり、2人は似たもの同士であったということができるのである。

話を戻そう。織田軍の侵攻をはね除けた朝倉・浅井連合軍は1570年の姉川の戦いで敗北し、その後は比叡山延暦寺と組んで信長に対抗した。信長は比叡山に対し、朝倉・浅井の兵を匿《かくま》うことを辞めるよう要求したが受け入れられず、悪名高き「比叡山の焼き討ち」を断行する。

通説では、光秀はこの焼き討ちに反対したとされている。その根拠は『天台座主記《てんだいざすき》』の「光秀縷々諫を上りて云う」（光秀は信長を諫《いさ》めていた）という記述だが、この書物は後世の編纂であり、一次史料はまったく異なる光秀の言動を伝えている。

当時の光秀は比叡山周辺の国衆への調略を行なっており、比叡山の北にある雄琴《おごと》城の城主・和田秀純《ひでずみ》に宛てた書状には「仰木《おおぎ》の事は是非ともなできりに仕るべく候。やがて本意たるべく候」（仰木は必ず撫で斬りにしなければならない。いずれそうなるであろう）という記述がある。仰木は延暦寺の支援者の多い土地であり、光秀は焼き討ちに反対するどころか、むしろ積極的に荷担していたのである。

この焼き討ちに動員された織田軍兵士は、一説に12万。対する延暦寺の戦力は4000とされている。『信長公記』は「根本中堂、山王二十一社を初め奉り、零仏、零社、僧坊、経巻一宇も残さず、一時に雲霞《うんか》のごとく焼き払い（中略）僧俗、児童、智者、上人一々に首をきり」と、文字通りの大虐殺が行なわれたことを伝えている。

信長からの期待の表れである「惟任日向守」

光秀は焼き討ちの功で信長から近江の滋賀郡を拝領し、延暦寺の寺領を管理することとなった。管理とはいっても、やっていたことは横領である。加えて光秀は、京都の奉行としての振る舞いにも横暴さが見えるようになり、京都の治安維持の責任者である将軍・義昭と間で軋轢《あつれき》を生んだ。義昭は１５７３（元亀４）年、信長により将軍の座から追われ、光秀は晴れて織田家専属の家臣となるのである。

従来の光秀の家臣団は、明智秀満《ひでみつ》ら一族衆、斎藤利三《としみつ》ら譜代《ふだい》衆、和田秀純《ひでずみ》ら西近江衆を中心に構成されていたが、義昭の京都追放を機に幕臣や山城《やましろ》（現在の京都府南部）の国衆も配下に加わった。増強された軍事力を背景に、光秀は１５７５（天正３）年より丹波（現在の京都府中部、兵庫県北東部）の平定に着手する。義昭と信長が昵懇《じっこん》だったころは丹波の国衆たちも信長に従っていたが、両者の決裂にともなって丹波はふたたび乱れていたのである。

信長は出兵を控えた光秀に「惟任《これとう》」の姓と「日向守《ひゅうがのかみ》」の官職を与え、以降、光秀は「惟任日向守光秀」を名乗るようになる。丹波の支配者として箔を付けるためとも考えられるが、惟任氏は豊後《ぶんご》（現在の大分県）の有力氏族・大神《おおが》氏の末裔であり、信長はその後の九州進出も見据えて、光秀に九州ゆかりの姓と官職を名乗らせた可能性がある。いずれにせよ、光秀が信長から多大な期待を寄せられていたことは間違いない。

光秀の丹波攻めは有力豪族の荻野《おぎの》氏や赤井氏の抵抗、あるいは波多野氏の裏切りなどで

光秀とその与力らの勢力図

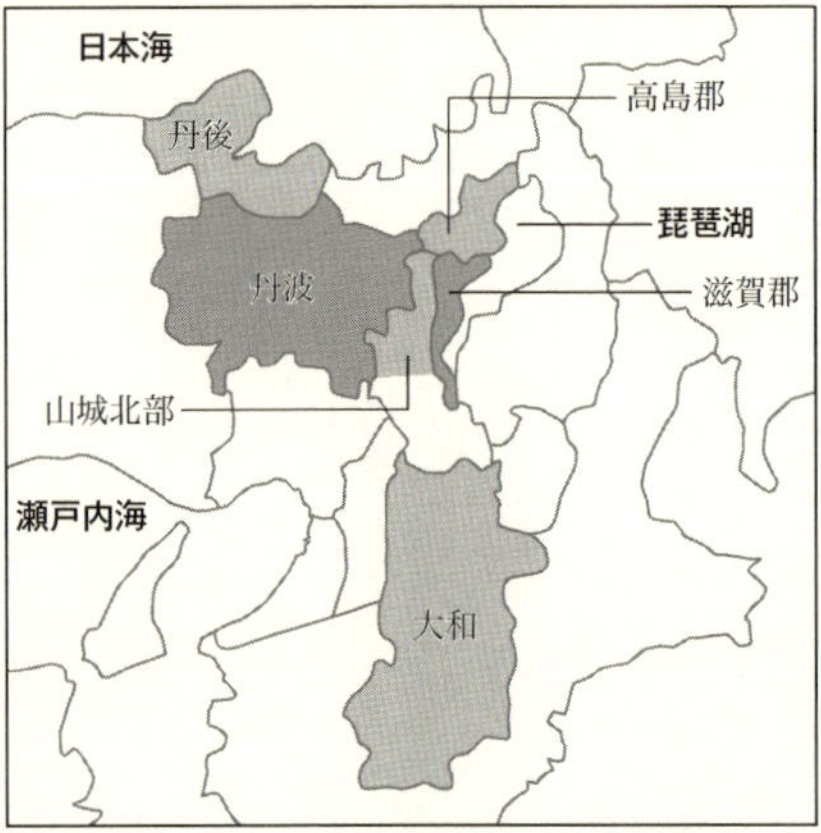

所領	領主
丹波・滋賀郡	明智光秀
丹後	細川藤孝
大和	筒井順慶
高島郡	織田信澄

本能寺の変の前には、丹波と近江の一部を光秀は所領としていた。

大いに難航し、一度は中断される。しかし光秀はその後も粘り強く戦い、1580（天正8）年に丹波を平定。その領有を信長から認められた。

嘘泣きをしてでも信長の同情を引く

光秀の家臣団には丹波衆も加わり、さらに丹後（現在の京都府北部）の細川藤孝・忠興《ただおき》親子、大和《やまと》（現在の奈良県）の筒井順慶《つついじゅんけい》、近江の織田信澄《のぶずみ》らを与力とした。光秀は畿内に睨《にら》みを利かせる存在となり、後世の研究者は当時の光秀を「近畿管領《きんきかんれい》」と表現している。

信長は佐久間信盛《さくまのぶもり》を追放する際の折檻状《せっかんじょう》でも光秀を「丹波の国での働きは天下の面目を施した」と褒《ほ》め、当時の光秀は織田家の事実上のナンバー2であったといえるだろう。

では、光秀自身は信長をどう見ていたのか。光秀は家臣団をまとめるために『家中軍法』と『家中法度《はっと》』を制定しているが、『家中軍法』では落ちぶれた身を拾ってもらったことへの感謝や、今後も信長に尽くす旨が記されている。また『家中法度』では「信長様の宿老や側近と道で出会ったときは、片膝を突いて挨拶するように」と、かなりへりくだった対応を家臣に求めており、媚《こ》びへつらっているようにも感じられる。

フロイスの『日本史』にも同じような指摘がある。光秀は「誰にも増して、絶えず信長に贈与することを怠らず、その親愛を得るためには、彼を喜ばせることは万事につけて調べているほどであり、彼の嗜好《しこう》や希望に関してはいささかもこれに逆らうことがないよう心がけ」ており、「彼（光秀）の働きぶりに同情する信長の前や、一部の者が信長への奉仕に不熱心であるのを目撃してみずからがそうではないと装う必要がある場合などは、涙を流し、それは本心からの涙に見えるほどであった」という。

加えてフロイスは「（光秀は）人を欺《あざむ》くために72の方法を体得していた」「裏切りや密会を好む」とも書き記しており、かなり悪辣《あくらつ》な人物だったことがうかがえる。そんな光秀に、同僚武将たちは心から気を許してはいなかった。のちに起こる本能寺の変で信長を殺した光秀は、あてにしていた細川親子や筒井順慶の同心を得ることができず、山崎の戦いで羽《は》柴秀吉《しばひでよし》に敗れ、あえない最期を遂げた。才覚は秀でていても、人望はなかったのであろう。

本能寺の変の真相？史料の発見で脚光を浴びる「四国説」

京都市中京区《なかぎょう》にある法華《ほっけ》宗本門流の大本山・本能寺。現在の本能寺は豊臣秀吉によって1591（天正19）年に移築されたもので、それ以前は現在地から南西に1・3キロメートルほど離れた場所にあった。1582（天正10）年6月21日、明智光秀はここで織田信長を討った。

同年4月、信長は甲州征伐を行ない、武田家を滅ぼした。しかし、依然として全国には有力大名が存在しており、織田家の重臣たちは各地の経略に専念していた。具体的には、柴田勝家が北陸、滝川一益《たきがわかずます》が関東、羽柴秀吉が中国を攻め、丹羽長秀は総大将の神戸《かんべ》（織田）信孝《のぶたか》とともに四国征伐の準備を進めていた。

一方で光秀は丹波（現在の京都府中部、兵庫県北東部）を制圧して以降、軍務を解かれており、甲州征伐で功のあった徳川家康の饗応《きょうおう》（接待）役を信長から命じられた。『川角《かわすみ》太閤記』によれば、信長は光秀に魚が腐っていると難癖をつけ、饗応役を解任したという。この逸話は長く光秀謀反の原因とされてきたが、信長のクレームがあったことを裏づける一次史料は存在しない。

その後、光秀には中国地方で苦戦していた秀吉に加勢せよとの命令が下される。安土城から坂本城に戻った光秀は6月16日に丹波の亀山城に入り、翌17日に戦勝祈願のため愛宕《あたご》山を参詣。さらに、その翌日には愛宕山で『愛宕百韻《ひゃくいん》』と呼ばれる連歌会を開く。「ときは今　雨が下《した》しる　五月《さつき》哉《かな》」――これは光秀が詠んだ連歌の発句だが、「とき」を明智氏の祖である「土岐」、「雨」を「天」と解釈し、光秀が秘めていた野望を露わにしたととらえる向きが多い。その解釈が正しいかはともかく、この時点で光秀は信長への謀反の決意を固めていたとされている。

20日、亀山城を出立した光秀は1万3000の兵とともに山陰道を西進する。その道中にある沓掛《くつかけ》は、京と西国の双方に向かう道の分岐点であったが、光秀は京への道を選択する。そして桂川を越えたあたりで信長を討つ意思を兵に伝えた。「敵は本能寺にあり」という台詞が広く知られているが、やはり後世の創作である可能性が高い。

そのころ、信長は100人ほどの兵を連れて本能寺に宿泊していた。21日未明、周囲の喧騒で目を覚ました信長は、光秀の謀反を家臣から知らされる。やがて寺には火が放たれ、信長はしばし抗戦したのち、奥の部屋に引き返して自害した。

その後、明智軍は信長の嫡男・信忠《のぶただ》がいた二条御新造《にじょうごしんぞう》も襲撃する。明智の謀反を聞いた

本能寺の変の前後における光秀の動き

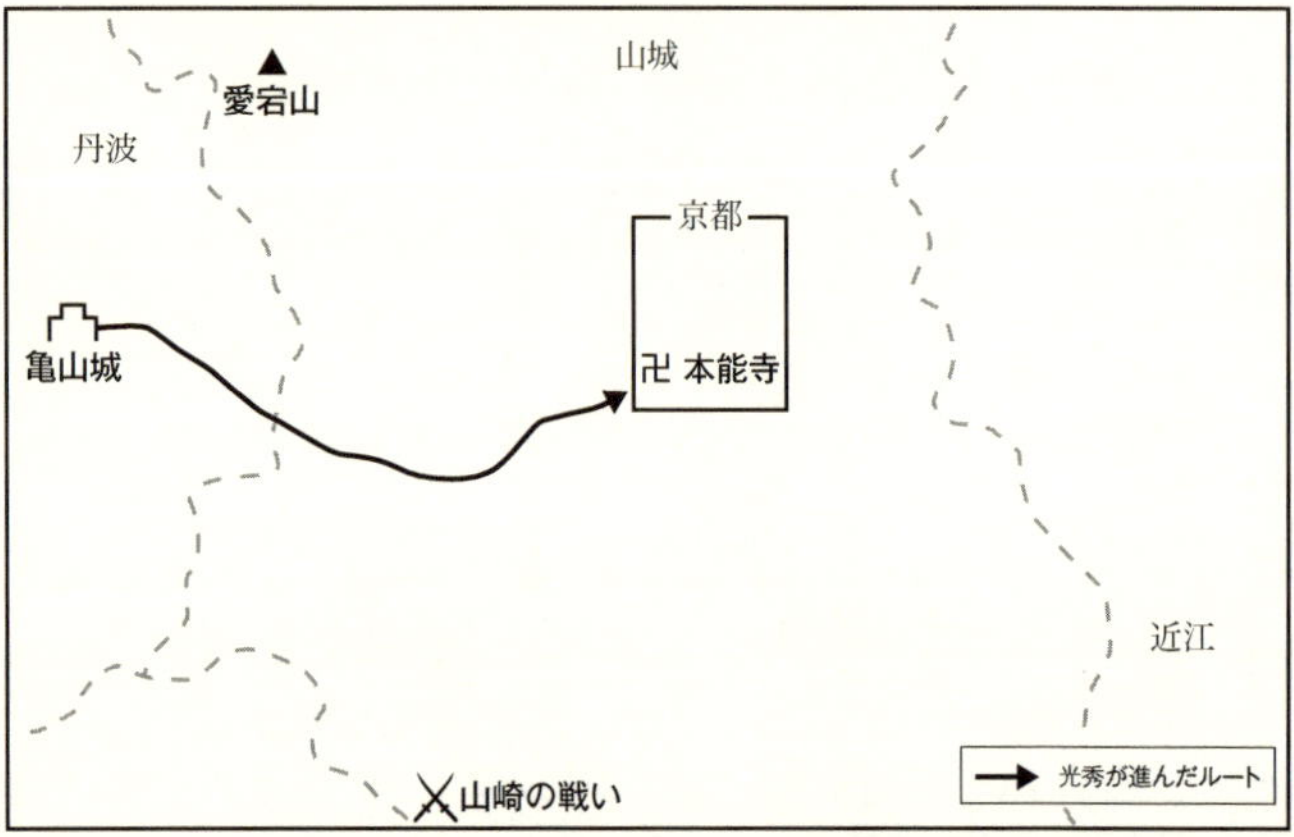

所領の丹波を出立したのち東へ進んで山城へ入り、京都の本能寺を襲撃した。

信忠は父の救援に駆けつけようとするも、すでに本能寺は焼け落ちており、やむなく二条御新造で明智軍を迎え撃った。しかし衆寡敵《しゅうかてき》せず、父同様に自害という最期を遂げる。こうして光秀の謀反は成功裏に終わった。

脚光を浴びる「四国説」

本能寺の変の真相に関する推論は江戸時代から現代に至るまでなされており、信長の苛烈な仕打ちに対する恨みを動機とする「怨恨《えんこん》説」と、光秀自身に天下取りの意志があったとする「野望説」が、現在でも主流となっている。

加えて1990年代に入ってからは、光秀を操っていた首謀者がいたとする「黒幕説」も、歴史作家やアマチュア研究家などによって数多く提唱されている。黒幕の具体例としては、信長の野望に歯止めを掛けたい朝廷や足利義昭などがあり、信長の死によって最も得をしたのは誰かという視点から、秀吉や家康を黒幕とする説もある。だが、黒幕とされる人物たちには事件の最中に光秀を支援した形跡がなく、関与を示す一次史料がないことなどから、現在ではそのほとんどが否定されている。

数々の説が淘汰《とうた》されていく中、近年ではあるひとつの説が脚光を浴びている。信長の長《ちょう》宗我部元親《そかべもとちか》に対する処遇を謀反の原因とする「四国説」である。

元親は1575（天正3）年に土佐（現在の高知県）を統一し、使者を送って織田家への臣従を誓った。信長は見返りとして四国の残り3カ国を元親の切り取りしだい（制圧した土地を自領にする）とする朱印状を与えたが、1581（天正9）年に突如としてこの約束を反故《ほご》にし、阿波《あわ》（現在の徳島県）の北半国を三好康長《みよしやすなが》に与え、元親には土佐一国と阿波の南半国のみ領有を認めた。元親はこれに不服を唱え、織田家との同盟は破綻するのである。

1582（天正10）年5月から6月にかけて、信長は神戸信孝を総大将とする四国征伐軍を編成。その渡海の予定日が、本能寺の変が起こる6月21日であった。

光秀は織田家と長宗我部家の交渉窓口を担っており、このまま両家の良好な関係が続け

本能寺の変が起こる直前の主な大名の勢力図

元親がほぼ手中に収めていた四国に、信長は手を伸ばしていた。

ば、織田家中での自身の地位も上がるはずであった。ところが信長の方針転換により、その可能性は消滅した。

出世の道を閉ざされたことで光秀に芽生えた天下取りの野望、あるいはこれまで元親との取り次ぎ役を務めていた自分の顔をつぶされたことによる怨恨、このふたつが謀反を起こさせたというのが「四国説」である。

元親は信長に服従を表明していた

この「四国説」は以前から唱えられていたが、２０１４（平成26）年に発見された『石《いし》谷《がい》家《け》文書《もんじょ》』によって、改めて注目されるようになった。これは１５３５（天文４）年～１５８７（天正15）年までに発行された全３巻47点の文書群だ。

石谷家は室町幕府の奉公衆（将軍の側に仕える武士）を務める一族で、光秀重臣の斎藤利三の兄は石谷家に婿入りして石谷頼辰《よりとき》と名乗り、光秀に仕えていた。頼辰の妻の妹は元親の正室であり、娘は元親の嫡男・信親《のぶちか》に嫁いでいる。利三と長宗我部家は、こうした二重の縁で結ばれていた。

『石谷家文書』には利三と元親の間で交わされた書簡が数点含まれており、元親が送った5月21日（新暦6月11日）付けの書簡では、再び信長に従う意向であったことが記されている。

「だとしたら四国征伐は回避され、光秀は謀反を起こす必要がなかった」と思う人がいるかもしれない。ただ、6月11日は信孝の渡海予定日、すなわち本能寺の変が起こる10日前であり、書簡は利三の手にまだ届いていなかった可能性があるという。

無論、この史料は利三と長宗我部家の親密な関係を伝えるものでしかなく、光秀謀反の動機を証明するものではない。ただし、長宗我部家への処遇が、強固であった信長と光秀の主従関係に何かしらの影響を与えた可能性は、ないとは言えない。

謀反の動機について光秀は誰にも語らず、書き残してもいないため、定説と呼べるものは存在しない。ただし、今後も新たな史料の発見により、謀反前後の状況が明確になる可能性はある。

丹波領主として善政を敷いた!?
地元では今も称えられる光秀

ここまでは、織田家家臣としての光秀の動向に焦点を当ててきた。いうまでもなく、光秀自身も家臣を抱える身であり、治めるべき領民がいる。本項では領主、あるいは上司としての光秀に焦点をあて、知られざる人間像に迫ってみたい。

光秀は１５８０（天正８）年に丹波（現在の京都府中部、兵庫県北東部）の平定を成し遂げ、その領主となった。軍事拠点として１５７８（天正６）年に築かれた丹波亀山城は、保津《ほづ》川南方の荒塚《あらつか》山に位置する平山城である。山城ではなく平山城としたのは、その後の城下町経営も見据えてのことと考えられている。

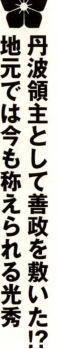

築城に際し、光秀は水害対策として民衆を丘陵地に移住させたと伝わる。のちに亀山城は藤堂高虎《とうどうたかとら》の手によって近世城郭へと改築されるが、現在の亀岡市街地にもつながる城下町を整備したのが光秀であった。

この亀山城を本城に、丹波では福知山《ふくちやま》城、黒井《くろい》城、周山《しゅうざん》城といった支城網が構築されていく。なかでも１５７９（天正７）年築城の福知山城は、亀山城と並ぶ丹波支配の要衝で

丹波の本拠地と支城

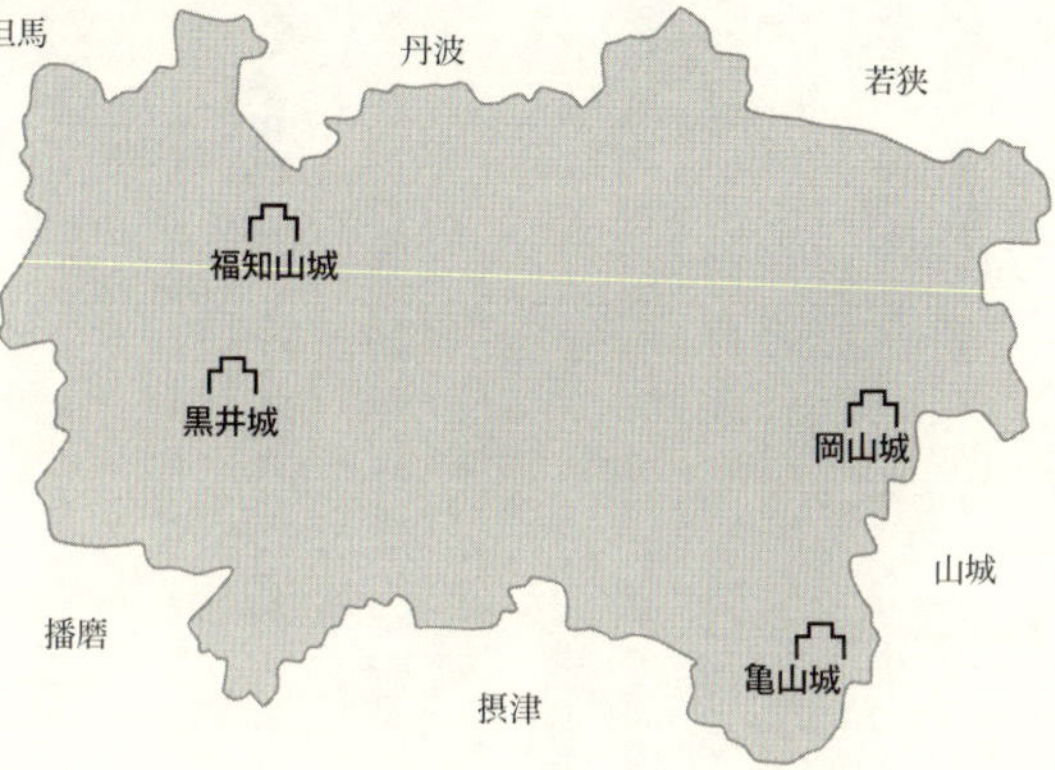

福知山城のあった福知山市には、光秀の業績が形として残っている。

あった。元は横山城と呼ばれていたが、城主の塩見信房《しおみのぶふさ》を追い落としたのちに、光秀みずから土地の名を「福智山」に改めたという。

福知山城も平山城であり、由良川《ゆら》と土師川《はぜ》が合流する丘陵地に位置している。一帯ではやはり水害が領民を苦しめていたが、光秀は両川の合流地点に堤防を築き、竹を植えることで被害を軽減させたと伝わる。元は「蛇ヶ端御藪《じゃがはなおやぶ》」と呼ばれていたこの堤防は、昭和期の研究で光秀が造成した可能性が浮上し、現在は「明智藪」と呼ばれている。

福知山城の現在の天守は1980年代に復元されたものだが、石垣は光秀時代のものである。その工法は「野面積み《のづらづ》」と呼ばれ、大きさも形も異なる大量の石が無造作に積まれている。

福知山城の石垣には石仏の土台や五輪塔などが用いられているが、これには旧勢力の寺社を破壊することでみずからの威勢を誇示する目的があり、ほかの織田家の城にも見られる特徴である。ただし光秀の場合、徴収した石材の代わりとなる石を寺社に配ったとする伝承があり、律儀な性格であったことがうかがえる。

光秀を神として祀る御霊神社

これらの城が築かれたころの丹波は、相次ぐ戦乱により集落が荒廃し、民衆も窮乏にあえいでいた。光秀は地子《じし》と呼ばれる税金を免除することで民衆の負担を軽減し、村落の復興を促進したという。現在も亀岡市と福知山市の人々は光秀を名君と称えており、なかでも福知山市の御霊《ごりょう》神社は光秀を神として祀っている。

謀反人である光秀が、なぜ神となったのか。もともと光秀の霊は常照寺に祀られていたが、福知山はたびたび水害に見舞われたため、1705（宝永2）年、福知山藩主の朽木《くちき》稙治《たねはる》によって稲荷神社に合祀されることになったという。こうして創建されたのが、現在の御霊神社である。加えて稙治には、領民から「光秀公への感謝を込めた祭りを開きたい」との嘆願もなされている。稙治はこれを聞き入れ、以降の福知山では光秀を称える祭りが催されるようになる。

ちなみに、福知山市には光秀に領地を奪われた土豪の末裔《まつえい》も住んでいる。2018（平成30）年12月の京都新聞の報道によれば、光秀に城を奪われた横山氏の子孫は「光秀に恨みはない」としながらも、御霊神社に参詣することは一族間で禁じられているそうだ。

ほかの織田軍団にはない『家中軍法』

御霊神社には光秀ゆかりの武具や古文書も保管されており、17ページで触れた『家中軍法』もそのひとつである。これは軍団の編成・運用における光秀の革新性を伝える貴重な史料なので、もう少しくわしく触れておこう。

『家中軍法』は本能寺の変が起こる1年前の1581（天正9）年に制定され、18の条文で構成されている。第1〜7条は戦地での兵士の行動を規定した、文字通りの軍法であり、「陣地において、役付の者以外は大きい声を挙げたり、雑談したりしてはいけない」「先鋒部隊が指図する場合、旗本侍の到着を待って下知《げち》に従うこと。先鋒部隊のみで行動を行なう場合は事前に命令しておく」などの条文がある。

そして8〜18条では領地石高ごとの軍役配分を明確にしており、「100石につき6人出す。それ未満の多少はこれに準ずる」「100石から150石の者は、兜《かぶと》を被った者1人、馬1疋《ひき》、指物《さしもの》1本、槍2本を出す」と、石高によってどれだけの兵や馬、武具を持参するのかが規定されている。

こうした事細かな軍律は、ほかの織田家重臣の軍団にもあったかもしれないが、明文化された形で残るのは明智軍団のみである。当時はまだ一般的でなかった石高をもとに軍役が課せられているので、光秀の時代につくられたとするには疑念もあるが、もし光秀がこの軍法を制定したとすれば、その理由としては織田軍団における明智軍団の特殊性が挙げられるだろう。

光秀はいわば中途採用で入社した社員であり、必然的に光秀の部下も遅れて織田軍に加わった。しかもその中には、旧幕臣や丹波衆などかつての敵対勢力もいる。出身も経歴も異なる部下をまとめる手段として、光秀は法を用いた可能性はある。

合戦では残酷な一面を見せる光秀だが、家臣との関係は概ね良好だったようである。たとえば、比叡山焼き討ちの戦功で近江滋賀郡を拝領したのちには、戦死した部下の名を列記した書状とともに、供養米《くようまい》を西教寺《さいきょうじ》に寄進している。こうした行為は当時の織田家中では異例のことである。また光秀は家臣に対してまめに書状を送っており、その中には病気を気遣うものもある。

光秀にとっては軍団の結束こそ、織田家でのし上がっていくための生命線だったのであろう。そう考えると、狡猾《こうかつ》さと優しさの双方があったとしても納得できるものがある。

PART2

有名なのに、一般的な評価に疑問が残る人物

古代の政治家「聖徳太子」は朝廷がつくり出した英傑？

〈生年〉574年
〈没年〉622年

令和への改元にともない、2024年から新札が発行されることが決まった。30年以上にわたって親しまれてきた福沢諭吉の1万円札ともいよいよお別れだ。

諭吉の前の1万円札に聖徳太子が描かれていたことは、アラフォー以上の世代でなければ覚えていないかもしれない。聖徳太子は過去に7度、紙幣の肖像画に採用されており、これは歴代最多である。

それほどまでに日本人にとってなじみ深く、日本史上の重要人物である聖徳太子だが、いまだ多くの謎に包まれている。現在、「聖徳太子」は厩戸《うまやと》王《おう》の死後に贈られた諡号《しごう》とする説が定着し、私たちがよく知る「十七条憲法」も「冠位十二階」も厩戸王が制定したものである。こうした業績や人物像は、厩戸王の没後100年以上経過した720（養老4）年成立の『日本書紀』の記述が元となり、聖徳太子の業績として今日まで伝えられてきた。

ただし「聖徳太子」という言葉はそのさらに20年後に成立した『懐風藻《かいふうそう》』が初出であり、『日本書紀』には「皇太子」としか記されていない。加えて『日本書紀』は文の主語が省略されているケースも多く、数々の業績が厩戸王によるものなのか、疑問視されることも少なくない。

たとえば「冠位十二階」は、『日本書紀』では「始行冠位」（冠位を始めた）、「始賜冠位於諸臣」（諸臣に冠位を与え始めた）とだけ記され、厩戸王が創設したとは書かれていない。厩戸王が関わったことは間違いないが、有力豪族の蘇我馬子も制度の創始に深く関わっており、どちらが主導したかは断言できないのである。

「和を以て貴しと為し」の一文で知られる「十七条憲法」も、厩戸王の業績とは言い切れない。というより、十七条憲法は存在しなかった可能性がある。注目すべきは十二条の「国司《こくし》」「国造《くにのみやつこ》」という言葉で、これは皇太子没後の律令制下で創設された官職だ。つまり、十七条憲法は『日本書紀』を編纂する際に、「当時からあった」という体裁でつくられた可能性があるのだ。

では、海外の文献は厩戸王をどのように伝えているのだろうか。聖徳太子の外交政策のひとつに「遣隋使《けんずいし》の派遣」がある。小野妹子《おののいもこ》が派遣された６０７年の第2回遣隋使は『日本書紀』にも記載されているが、６００年の第1回遣隋使は中国の王朝である隋の歴史書にしか記述がない。その『隋書』では、第1回遣隋使について「開皇《かいこう》二十年、倭王、姓は阿毎（あめ）、字は多利思北孤（たりしひこ）、阿輩雞弥（おおきみ）と号す。使いを遣わして闕《けつ》に詣《いた》る」と記されている。

教科書での扱いをめぐって揺れる文科省

問題はこの「多利思北孤」という大王が誰かである。当時の天皇は女帝の推古《すいこ》だが、「ひこ」は男性を意味するので推古とは考えにくい。つまり、推古は『日本書紀』が創作した人物で、多利思北孤は厩戸王か蘇我馬子、あるいはまったく別の大王がいた可能性もある。馬子は蘇我稲目《いなめ》の子で、稲目は厩戸王の父と母、双方の祖父にあたる。馬子が厩戸王とともに推古天皇の治世を支え、諸制度の整備に関わったことは確実だが、厩戸王と同じく『日本書紀』では馬子に関する具体的な記述は少ない。

その一方で、中大兄皇子《なかのおおえのおうじ》と中臣鎌足《なかとみのかまたり》が主導した乙巳《いっし》の変によって、蘇我一族が政権から排除されたことについては、かなりの分量を割いて説明している。この乙巳の変は、既存の有力豪族を排して天皇親政を行なうためのクーデターであり、『日本書紀』では政権の正統性を主張するために、馬子の功績に関する記述を意図的に控えたのであろう。

逆の見方をすれば、『日本書紀』では律令国家建設までの歴史を、皇族を主体にして書き記す必要があった。それに打ってつけの人物が厩戸王だったのである。

こうした新たな説が提唱される中で、文部科学（文科）省も「聖徳太子」をどう扱うか

厩戸王（聖徳太子）の系図

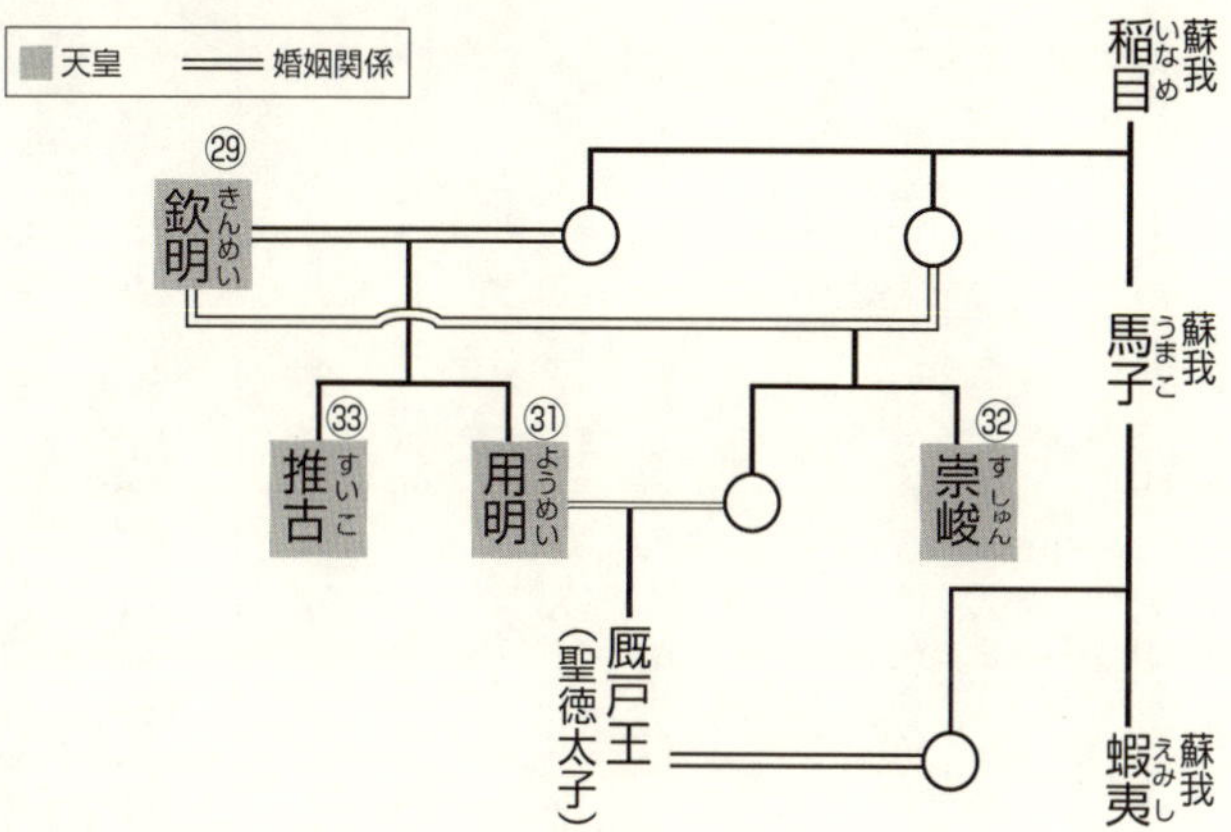

厩戸王の父母は、どちらも蘇我稲目の孫にあたる。

について揺らいでいる。現行の小学校の教科書では「聖徳太子」、中学校の教科書では「聖徳太子（厩戸王）」と表記されているが、文科省は2017（平成29）年2月公表の次期（小学校は2020年度、中学校は2021年度）学習指導要領改訂案で、小学校は「聖徳太子（厩戸王）」、中学校では「厩戸王（聖徳太子）」に変更すると発表した。

しかし、「小学と中学で呼称が変わると子どもが混乱する」との反対意見があったことで、文科省は「聖徳太子」に統一する方向で現在調整を進めているという。

ちなみに、1万円札にも用いられた聖徳太子の肖像画『唐本《とうほん》御影《みえい》』も別人の可能性が高く、教科書では「伝・聖徳太子」と説明されている。

英雄伝説からは見えてこない源義経の本当のすごさ

〈生年〉1159（平治元）年
〈没年〉1189（文治5）年

弱者や敗者に同情の念を抱き、肩入れすることを意味する「判官贔屓《はんがんびいき》」。「判官」とは、源平合戦で源氏に勝利をもたらした立役者でありながら、兄・頼朝との確執の末に非業の最期を遂げた、源義経の官職名である。

義経はしばしば戦の天才とも称され、後世の軍記物では神がかった采配《さいはい》を披露している。しかし、そうした英雄像の創出はまさに「判官贔屓」によるものであり、義経の実像とは異なったものであるといえよう。

たとえば、「一ノ谷の戦い」で義経が敢行した「鵯越《ひよどりごえ》の逆落《さかお》とし」は、一連の源平合戦の中でも最大の見せ場として描かれているが、実際には逆落としがどこで行なわれたのかも定かではない。軍記物の『平家物語』や鎌倉時代の歴史書『吾妻鏡《あづまかがみ》』が伝える、合戦のあらましは以下のとおりである。

木曽（源）義仲によって京都を追われた平家一門は、かつて平清盛が都を置いていた福原に近い一ノ谷に拠点を移した。一帯は北に六甲《ろっこう》山地、南に瀬戸内海を望む天然の要害で

一ノ谷の戦いにおける源氏軍の進軍経路

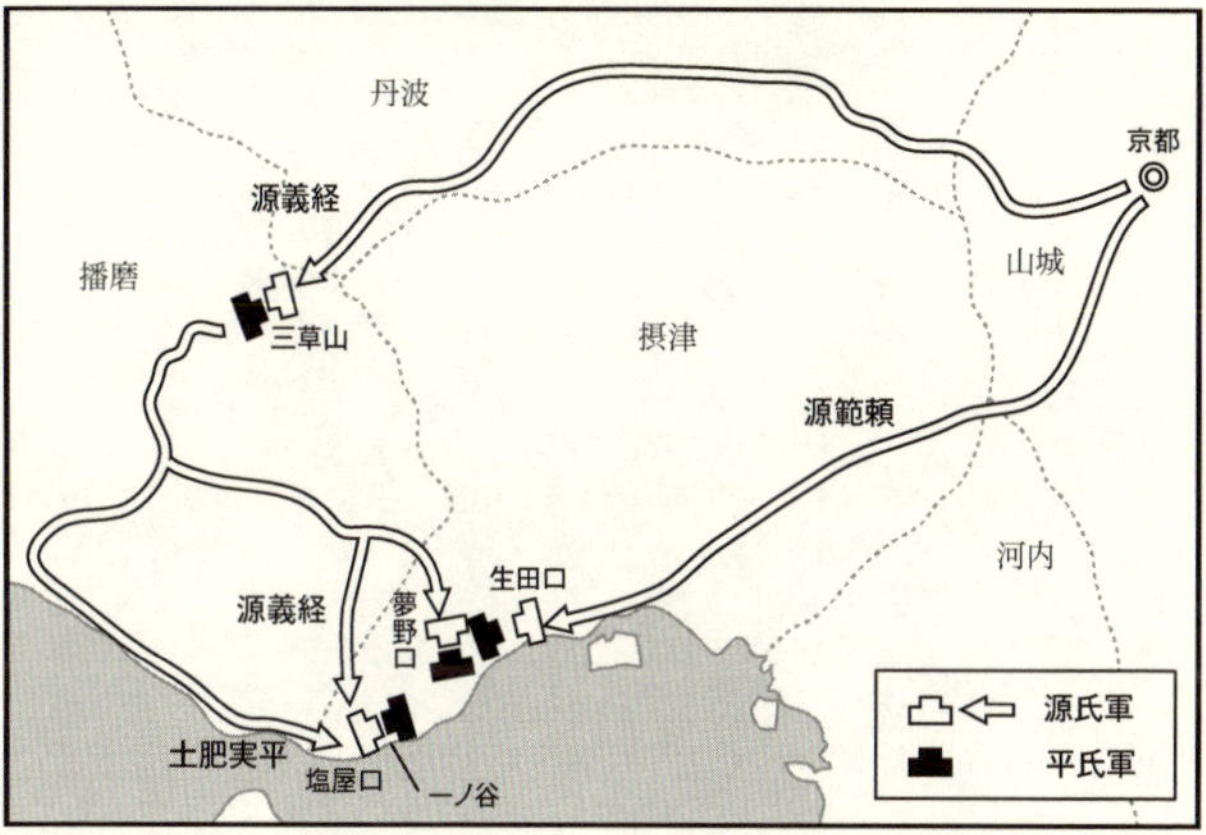

義経は事前に三草山の砦を落とすことで、平家の再上洛を防いだ。

ある。

1184（寿永《じゅえい》3／治承《じしょう》8）年3月、鎌倉の頼朝から平家追討の命を受けた弟の範頼《のりより》と義経は、東西から一ノ谷を攻撃する策を立てる。範頼は5万6000の兵を率いて一ノ谷東方の生田口《いくたぐち》へ向い、兵2万の義経軍は西の塩屋口《しおやぐち》を目指した。

六甲山中を進軍していた義経は道中で兵を二手に分け、さらに自身は70騎ほどを率いて鵯越に向かう。一ノ谷を眼下に望む崖の上まで来た義経の別働隊は、急峻な崖を騎馬で駆け下り、平家本陣を急襲するのである。

ここで改めて地形を確認すると、平家が陣を敷いていた海岸沿いの平地は、東西に長い形をしている。一ノ谷と鵯越は現在も地名として残るが、一ノ谷は神戸市須磨区、鵯越は同兵庫区にあり、このふたつは8キロメートルほど離れている。つまり、鵯越の崖の下に一ノ谷があるとする位置関係は、成り立たないのである。

このことから近年、歴史家の間では「逆落としは鵯越ではなく、一ノ谷の背後にある鉄《てっ》拐《かい》山で行なわれた」「逆落としは鵯越で行なわれ、一ノ谷の位置が間違っている」「現在の地名が当時とは異なっている」といった説が提唱されてきた。

加えて現在では、「逆落としそのものがなかった」とする説も出ている。その論拠となっているのは、義経と同時代の貴族・九条兼実《くじょうかねざね》の日記『玉葉《ぎょくよう》』である。この手記には家人からの報告という形で義経自身が口にした合戦の結果が記されているのだが、「一ノ谷を落とす」とは書かれているものの、逆落としについては一切触れられていないのである。

無論、逆落としがなかったとしても、義経の武将としての評価が下がるわけではない。義経は京都から塩屋口へ向かう際に六甲山中を進むルートを取り、丹波《たんば》（現在の京都府中部、兵庫県北東部）と播磨《はりま》（現在の兵庫県南西部）の国境にある三草《みくさ》山の平家の拠点を落としている。これは万が一、平家軍に一ノ谷を脱出された場合に、同様のルートから上洛することを未然に防いでいる。つまり、この一ノ谷の戦いから浮かび上がるのは、常識離れした奇襲を好む武将としてではなく、堅実な戦略家としての義経の姿だ。

単なる兄弟ゲンカではない頼朝と義経の対立

続く「屋島《やしま》の戦い」でも、暴風雨の中を渡海し、平家軍への奇襲を成功させた義経の戦術のみに焦点が当てられることが多いが、やはりそれは義経の本質ではない。源氏は平家に比べて水軍力が劣り、義経はそれを補うべく熊野水軍や阿波水軍を味方に引き入れ、瀬戸内海の制海権を掌握した。この時点で、のちの壇ノ浦の戦いでの勝利もほぼ確定したとみることができ、合戦に臨む準備段階にこそ義経の武将としてのすごさがあるといえる。

こうして平氏追討を成し遂げた義経であったが、その後は頼朝に疎《うと》まれ、逃避行の末に奥州の平泉《ひらいずみ》で討たれてしまう。頼朝との関係が悪化した原因としては、合戦での手柄を義経が独り占めにしたとする頼朝の重臣・梶原景時《かじわらかげとき》による讒言《ざんげん》や、義経が頼朝の許可なく後白河法皇から官職を授かったことが挙げられるが、実情はもう少し複雑だ。

頼朝は範頼と義経に平家追討の任を与えたが、東国御家人を率いていた範頼は半年以上の時を費やしても成果を上げられず、西国《さいごく》勢力を取りまとめた義経に手柄を奪われてしまった。当然、論功行賞は西国武将に厚くすべきところだが、それでは東国武将の反感を買う。鎌倉に幕府を開いたばかりの頼朝にすれば、義経との決別は避けて通れない決断だったのである。

斎藤道三の下克上は親子二代で成し遂げられた!?

〈生年〉1494（明応3）年
〈没年〉1556（弘治2）年

若き日の明智光秀が仕えていた美濃《みの》（現在の岐阜県南部）の斎藤道三《どうさん》。「美濃の蝮《まむし》」と渾名《あだな》される梟雄《きょうゆう》としての人物像は、寛永《かんえい》期成立の『美濃国諸旧記』により確立され、道三を主人公にした司馬遼太郎の『国盗り物語』も、この軍記物がベースのひとつになっている。

道三は長い間、わずか一代で美濃の支配者になったと思われてきた。世間に広く伝えられている道三の半生は、概ね次のようなものである。

道三は1494（明応3）年、北面《ほくめん》の武士（平安時代に創設された天皇御所の北側を守備する軍隊）を務める松波家に生まれた。父が訳あって牢人《ろうにん》（浪人）になると、11歳で京都の妙覚《みょうかく》寺に入り、僧侶となる。

やがて還俗して松波庄五郎《しょうごろう》を名乗った道三は、油商人の山崎屋に婿入りして油売りとなった。細く垂らした油を一文銭の穴に通す芸当が評判を集め、その後は美濃守護の土岐《とき》家に仕える長井長弘《ながいながひろ》の家臣となる。長弘は守護代・斎藤家の重臣で、守護代を補佐する小守護代の役職だったとされる。道三はその家臣筋の西村家を継ぎ、西村勘九郎を名乗った。

そのころ、土岐家では政頼《まさより》と弟の頼芸《よりあき》との間で家督争いが起こり、政頼が守護の座に就いた。頼芸に気に入られていた道三は、1527（大永《だいえい》7）年に5500の兵で政頼を攻め、頼芸を守護の座に就けることに成功する。その後は恩人である長弘を妻もろとも殺害し、長井新九郎規秀《しんくろうのりひで》と改名。さらに守護代・斎藤利隆《としたか》の病死に乗じて斎藤家の家督も奪い、斎藤山城守利政《としまさ》を名乗った。

守護代となった道三は、1541（天文《てんぶん》10）年に頼芸の弟である頼満を毒殺。翌年には頼芸を守護の座から追放し、ついに美濃一国の主となるのである。

以上が道三の国盗りだが、1962（昭和37）年より始まった『岐阜県史』の編纂過程で発見された史料により、道三の下克上は一代ではなく、道三の父との二代で成し遂げられたとする見方が強まっている。

『六角承禎条書《ろっかくじょうていじょうしょ》』と呼ばれるその史料は、近江守護の六角義賢《よしかた》（承禎）が1560（永禄3）年に送った家臣宛の書状で、義賢の嫡男・義治《よしはる》と、斎藤義龍《よしたつ》（道三の嫡男）の娘との婚姻に反対する内容となっている。以下、道三に関する記述を抜粋して引用する。

「彼斉治身上之儀、祖父新左衛門尉者、京都妙覚寺法花坊主落にて、西村与申、長井弥二郎所へ罷出、濃州錯乱之砌、心はしをも仕候て、次第ニひいて候て、長井同名ニなり、又父左近太夫代々成惣領を討殺、諸職を奪取、彼者斉藤同名ニ成あかり、剰次郎殿を聟仁取、彼早世候而後、舎弟八郎殿へ申合、井口へ引寄、事に左右をよせ、生害させ申、其外兄弟、或ハ毒害、或ハ隠害にて、悉相果候、其因果歴然之事」

「斉治」とは斎藤治部、すなわち義龍であり、「義龍の祖父・新左衛門は京都妙覚寺の僧であったが、西村を名乗って長井弥二郎に近づき、長井姓を名乗った」という記述は、従来の通説で伝えられてきた道三の前半生と概ね一致する。

「左近太夫」は道三、「八郎」は頼芸であり、義賢は書状の中で「道三は長井を殺して役職を奪い、頼芸と申し合わせてその兄弟を自害に追い込み、毒殺や暗殺をくり返した。その罪は歴然としている」と、道三の非道をこき下ろしているのである。

この書状が書かれた1560（永禄3）年は道三の死から4年後にあたり、美濃を追放された頼芸が一時期、六角家に身を寄せていたことから、内容の信憑性はかなり高いとみられている。

なお「剰次郎殿を聟仁取」は、頼芸の甥・頼純が道三の娘を娶《めと》ったことを意味している。一説にこのとき嫁いだ娘が、のちに織田信長の正室となる濃姫《のうひめ》（帰蝶《きちょう》）であるという。

守護代からの下克上はめずらしいことではない

では、道三の下克上が親子二代によるものとして、代替わりの時期は具体的にいつだったのだろうか。

江戸時代前期に成立した『江濃記《ごうのうき》』には長井豊後守《ぶんご》という人物が出てくるが、「豊後守は山城国西ノ岡より牢人して斎藤家に来たり」「斎藤の家督断絶のとき、家領を両人して知行す」と記されていることから、豊後守は新左衛門である可能性が高い。そして『実隆《さねたか》公記《こうき》』の天文二年三月二十六日条には「長井豊後病気」と記されている。

道三が確たる史料に登場するのも1533（天文2）年からであり、同六月の発給文書には、道三が当時名乗っていたとされる「藤原規秀《のりひで》」の名がある。つまり、天文二年三月から六月の間に新左衛門は病死し、道三への家督継承がなされたとみることができる。

新左衛門は1518（永正《えいしょう》15）年までに長井姓を拝領し、小守護代の長井長弘と同格に扱われていたという。道三は家督を継いだ時点で守護代同然の身分だったのである。

守護代が守護を追い落として一国を支配することも下克上には違いはないが、尼子経久《あまごつねひさ》や三好長慶《みよしながよし》、織田信長、長尾景虎《ながおかげとら》（上杉謙信）もそうであったように、戦国時代には比較的よくある事例だ。少なくとも足軽から国持ち大名になった羽柴秀吉と比べると、成り上がりの難度は格段に低い。

道三の下克上は決して偉業などではなく、むしろ傑物と呼ぶべきは、油売りから守護代にのし上がった父・新左衛門のほうであろう。

謎に包まれた軍師・山本勘助の正体とは？

〈生年〉1500（明応9）年 ※諸説あり
〈没年〉1561（永禄4）年

戦国時代を舞台にした物語では、しばしば「軍師」と呼ばれる人物にスポットが当てられる。一般的には合戦における作戦の立案者のことだが、古代から中世にかけての軍師は占い師的な色彩を帯びており、易学や風水をもって戦の吉凶を占い、出陣に際しては加持《かじ》祈祷《きとう》で戦勝を祈念することが仕事であった。当時は軍師ではなく「軍配者《ぐんばいしゃ》」、あるいは単に「軍配」と呼ばれ、安倍晴明《あべのせいめい》に代表される陰陽師もその範疇に入る。

この軍配者の性質と役割が大きく変わるのは戦国時代中期であり、以降は占いや易学ではなく、作戦立案や、政務での助言を君主に与える役割を担った。要するに、今日の私たちがイメージする軍師であり、「参謀」と言いかえることもできる。

戦国時代の軍師としては、武田信玄に仕えた山本勘助、豊臣秀吉に仕えた竹中半兵衛と黒田官兵衛が有名だが、この3人はまさに軍師から参謀に変わる過渡期に登場した武将であり、後者2人は軍師よりも参謀そのものであろう。

一方で勘助は、その両方を行なう文字通りの軍師であった。甲斐武田家の軍学書『甲陽《こうよう》軍鑑《ぐんかん》』によれば、勘助は１４９３（明応《めいおう》２）年、もしくは１５００（明応９）年に三河（現在の愛知県東部）の牛窪《うしくぼ》（牛久保）で生まれ、若いころに全国をめぐって兵法を修めたと伝わる。

その後は今川家家臣・庵原《いはら》氏の食客を経て、１５４３（天文《てんぶん》12）年に信玄の家臣となる。兵法の中でも、とくに築城術の評価が高く、武田家に引き抜かれる形で仕官を果たしたという。

全国各地の情勢に明るかった勘助は信玄に重用され、信濃（現在の長野県）の豪族・諏《す》訪《わ》氏との戦いで多くの武功を立てる。また内政面でもさまざまな献策を行ない、分国法『甲州法度之次第《こうしゅうはっとのしだい》』の制定に関わったとされる。

軍事面では１５４６（天文15）年の砥石《といし》合戦、１５６１（永禄４）年の第四次川中島の戦いでの活躍がとくに有名だ。

砥石合戦は猛将として名高い村上義清《よしきよ》との戦で、信玄は５０００の兵で砥石城を攻めるも、救援に駆けつけた義清軍と城兵の挟み撃ちに遭い、総崩れとなってしまう。打開策を求める信玄に、勘助は「敵兵を南に向けさせれば勝てる」と進言。50騎を与えられた勘助はみずから前線で村上軍を陽動し、その間に態勢を立て直した武田軍はみごと逆転勝利を収めるのである。この勘助の策は「破軍建返《はぐんたてかえ》しの戦法」と呼ばれている。

第四次川中島の戦いの布陣図

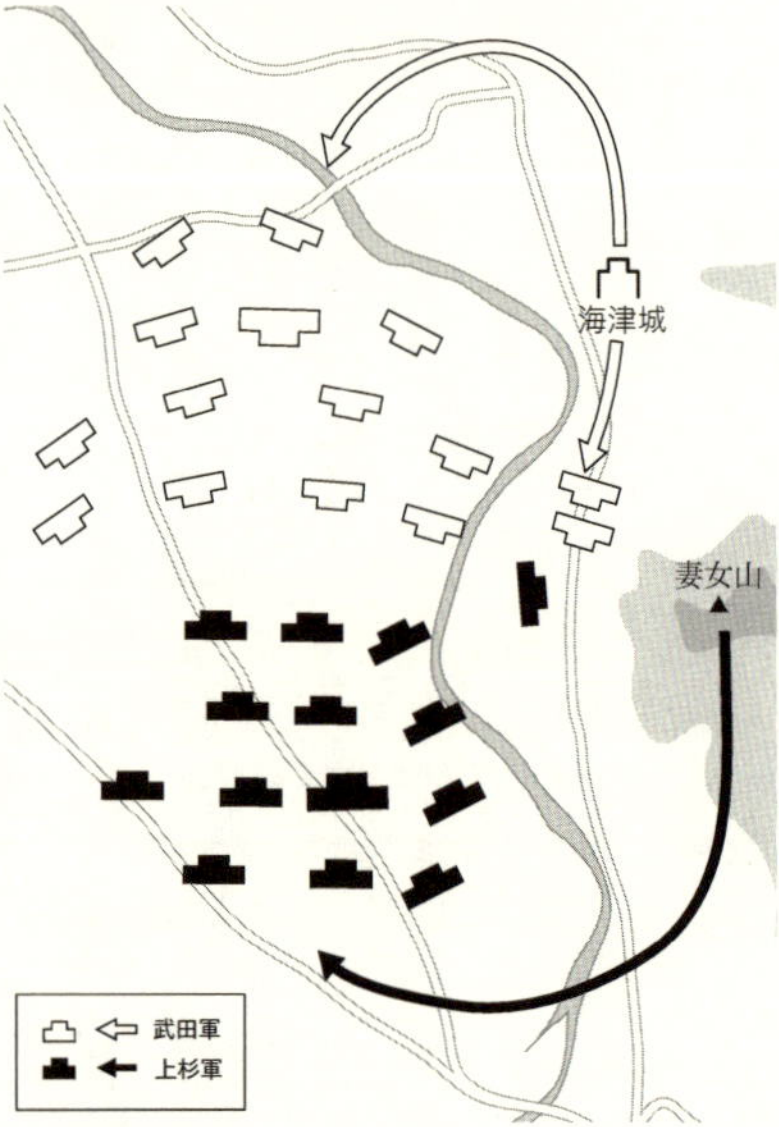

勘助発案の策は謙信に見破られ、武田と上杉両軍は川中島で決戦におよぶ。

第四次川中島の戦いは、信玄の終生のライバル・上杉謙信との一大決戦として名高い。

武田軍が海津城に入ると、勘助は兵を二手に分け、妻女《さいじょ》山に陣取る上杉軍を挟み撃ちにする「啄木鳥《きつつき》の戦法」を献策する。しかし謙信は、海津《かいづ》城で兵糧米の仕度が進んでいることから武田軍の出陣が近いことを見抜き、夜半の内に妻女山を降りてしまう。その後の決戦で勘助は、策を破られた自責の念から上杉軍に特攻し、討ち死にを遂げるのである。

勘助のモデルとなった「山本管助」

以上が『甲陽軍鑑』から読み取れる勘助の生涯だが、じつはその多くがフィクションである。たとえば、砥石合戦を伝えるほかの文献に、勘助は登場しない。合戦が行なわれたのも1546年ではなく1550（天文19）年であり、結末も現在では武田軍の敗北が定説となっている。

　そもそも「山本勘助」の名は、『甲陽軍鑑』以外の同時代の史料では見られない。そのため勘助は長い間、架空の人物とされていた。しかし、1969（昭和44）年に北海道釧路《くしろ》市で発見された『市河家文書』がこれを覆した。『市河家文書』は1557（弘治《こうじ》3）年の第三次川中島の戦いの前に、信玄が市河藤若《ふじかわ》という豪族に送った書簡で、文末に「山本菅助口上有るべく候」との記述がある。つまり、この書簡を藤若に届けたのが「山本菅助」なる武将で、信玄は「詳細は菅助から伝える」と、手紙を結んでいるのである。

　信玄の言葉を伝える役目を担っていたことから、山本菅助は比較的地位の高い家臣であったと推察される。「菅助＝勘助」と言い切ることはできないが、勘助のモデルとなった人物であることは間違いないだろう。

　2000年代に入ってからも「管助」に関する新たな史料が見つかっており、2009（平成21）年発見の『真下家所蔵文書《ましもけしょぞうもんじょ》』、2011（平成23）年発見の『沼津山本家文書』では、同じ「山本管助」を名乗った息子の存在が明らかになっている。

　しかしながら、『甲陽軍鑑』に描かれる「軍師としての山本勘助」の存在を証明するまでには至っていない。さらなる史料の発見や解明が待たれる。

“義将”こと上杉謙信は私利私欲と無縁ではなかった!?

〈生年〉1530（享禄3）年
〈没年〉1578（天正6）年

生き馬の目を抜く戦国時代において、上杉謙信は「義」に殉《じゅん》じた武将として名高い。その信条は謙信本人の言葉からもうかがうことができ、常陸《ひたち》（現在の茨城県）の大名・佐竹義昭《よしあき》に送った書状には「依怙に依り弓箭を携えず候、只々筋目をもって何方へも合力致すまでに候」（誰かをえこひいきすることなく、筋目がとおっている方へ味方する）と記されている。謙信は他国の大名からの信頼も厚く、長きにわたる宿敵であった武田信玄さえも「自分の死後は謙信を頼れ」と息子の勝頼に遺言したという。

ただし、現代においては「義」という言葉が拡大解釈され、あたかも謙信には私利私欲がなく、他人を助けるためにしか戦わなかったかのような印象を与えている。当然のことながら、実利を無視しては領国経営などできるはずもない。謙信の生涯をたどっていくと、決して清廉なだけではない実像が見えてくる。

なお、謙信は景虎、政虎《まさとら》、輝虎《てるとら》、そして謙信と頻繁に名を改めているが、本項では混乱を避けるため謙信で統一する。

謙信は自身の役割をまっとうしたに過ぎない

謙信は1530（享禄《きょうろく》3）年、越後（現在の新潟県）守護・上杉家の家臣である長尾家に生まれた。当時の越後は国衆たちが内乱をくり広げていたが、守護代となった謙信により平定される。守護の上杉定実《さだざね》が1550（天文19）年に死去して以来、越後守護は置かれず、謙信が事実上の国主であった。

1548（天文17）年には、甲斐《かい》（現在の山梨県）の武田信玄が信濃（現在の長野県）北部への侵攻を開始し、村上義清や高梨政頼《たかなしまさより》といった国衆、さらには守護の小笠原長時《おがさわらながとき》までもが信濃を追われた。彼らは失地回復を謙信に訴え、謙信もそれを聞き入れた。こうして始まったのが武田家との抗争である。

謙信が信濃の紛争に介入した理由としては、越後も武田に侵される危険性があったことなどが挙げられる。あるいは通説どおり、信玄の非道に義憤を抱いたのかもしれない。

しかし、『大乗院寺社雑事記《だいじょういんじしゃざっき》』には、小笠原家とともに上杉家も信濃守護と記されている。それが事実かはともかく、当時は信濃の紛争に対し、小笠原家、あるいは上杉家が解決に当たることが慣例となっていたのではないだろうか。つまり謙信は、上杉家の守護代としての役目を果たすために、信濃国衆の救援に乗り出したとみることができる。

同様のことは、その後の関東出兵にもいえよう。謙信は1561（永禄4）年、山内上杉家当主の上杉憲政《のりまさ》から上杉姓と関東管領《かんとうかんれい》の職を引き継いだ。関東管領とは、室町幕府が関東統治を目的に設置した鎌倉府の長官・鎌倉公方《くぼう》を補佐する役職である。しかしたび重なる争乱で鎌倉公方の権威は失墜し、代わって新興勢力の後北条氏が関東の盟主として台頭。謙信は関東管領の職分を果たすべく、後北条氏との戦いに身を投じるのである。

そもそも「義」の本来の意味は「道理」であり、「物事の筋目を正すこと」こそ「義」である。謙信が目指していたのは、天皇と室町幕府を頂点とする社会秩序の回復であり、「人を助けるための戦」となったのはあくまで結果に過ぎない。

義将には不相応の冷酷な一面

謙信は制圧した地域の統治を、自身の家臣ではなく在地の国衆に任せた。しかし1566（永禄9）年の臼井《うすい》城の戦いで大敗を喫すると、多くの国衆が上杉家から離反した。その結果、上杉家の関東での領地はほとんど増えなかった。

今日では「謙信は領地拡張に興味を持たなかった」とされることもあるが、事実とはいえない。謙信は武田家との抗争が落ち着いた1568（永禄11）年以降、関東出兵と並行して越中（現在の富山県）や能登（現在の石川県北部）にも兵をくり出している。当初こその両国の守護を務める畠山氏や国衆を支援する大義名分を掲げていたが、1572（元亀3）年に奉納した願文《がんもん》には、越後、信濃、関東に加えて越中も自身の分国であると記している。

また、1576（天正4）年の七尾城《ななお》の戦いで畠山氏を倒した後は、近江（現在の滋賀県）出身の家臣・鯵坂長実《あじさかながざね》を城代に据え、能登を統治させた。これらの事例は謙信にも領地拡張の野心があったことの証左であろう。

謙信の出兵には、越後に本拠を置く大名ならではの事情も絡んでいる。雪深い越後では二毛作が行なえず、次の米の収穫までは食糧不足に見舞われた。農閑期に集中する上杉軍の出兵には、合戦である程度の兵が死ぬことを見越しての「口減らし」のねらいもあったとみられている。加えて上杉軍は、戦場で略奪や人身売買も行なっていた。『別本和光院《べっぽんわこういん》和漢合運《わかんごううん》』によれば、1566（永禄9）年に常陸の小田城を開城させた謙信は、捕虜を20～32文で売却したという。

人権意識が定着している現代の価値観からすれば、これらの行為は義将・上杉謙信のイメージからはほど遠く感じられるかもしれない。しかし合戦場での略奪や拉致、人身売買は日常茶飯事であった。現代でこそ神格化されている謙信だが、戦国時代当時は決して異質な存在ではなかったのである。

戦国の風雲児・織田信長の真の力は武力よりも財力？

〈生年〉1534（天文3）年
〈没年〉1582（天正10）年

天下統一を目前にしながら没した織田信長は、戦国時代最大のスターといえる。信長といえば、概ね以下のようなイメージが一般的ではないだろうか。

・逆らう者は許さず、家臣にもきびしく、ひたすら果断な性格だった
・早くから天下統一を目指し、将軍に成り代わることを考えていた
・天才的に戦に強く、軍事の才能で次々と強敵を滅ぼした
・西洋人の知識や文化を積極的に取り入れ、斬新な着眼点を持っていた
・一向宗や比叡山延暦寺を容赦なく弾圧し、神も仏も恐れない近代的な考え方だった

実際、そのように見える側面はあった。一方ではこうした見方と一致しない言動も多く、戦国時代には信長に限らない傾向だったともいえる。

信長は尾張《おわり》（現在の愛知県西部）の守護代・織田氏の傍流に生まれた。19歳のときに父の信秀が死去すると、一族のボスである織田信友（彦五郎）は、信長ではなく弟の信行《のぶゆき》（信勝）を支持する。信長はこれを退けて一族内の戦いに勝利し、尾張の主導権を握る。

このとき信行を謀殺しているが、じつは信長の重臣として知られる柴田勝家は、もともと信行の腹心の部下だった。となれば、勝家も処刑するか自害を命じておかしくない。とはいえ、勝家は信秀の代からの有力者だったので罰しなかった。なお、信行の子の命も奪っていない。後年、一度は信長に屈した松永久秀が、室町幕府十五代将軍・足利義昭の「信長包囲網」に加わって反旗をひるがえしたときも、2度まで許している。必ずしもひたすら果断な独裁者気質でもなく、利用できると見た人物は利用する方針だったようだ。

1560（永禄3）年に桶狭間の戦いで、駿河《するが》（現在の静岡県中部）の今川義元に大勝利する。ただし、この戦いは基本的に、尾張に侵攻してきた今川軍に対する防戦だ。このあと約8年間、30代前半までは隣国の美濃（現在の岐阜県南部）の平定に費やされる。

美濃を平定後、信長は「天下布武《てんかふぶ》」の印を書状に使いはじめた。これは天下統一への野心を示したものと解釈されることが多い。しかし、この段階ではまだ、尾張と美濃の2カ国を制しただけだ。当時の価値観では「天下」という語句は必ずしも、日本全土を意味する用法で使われていなかった。イエズス会の宣教師による書簡では、天下の語が「都に隣接する諸国」、つまり将軍と天皇がいる畿内の意味で使われている。このころ信長が「天下布武」の印を押して上杉謙信に送った書状なども、内容はほとんど単なる情報交換で、「俺が天下を取るぞ」といった宣言はうかがえない。

のちに信長が義昭を奉じて上洛したのも、幕府による天下（畿内）の政治秩序を回復させることが意図だった。１５７０（元亀元）年に信長は義昭に意見書を提出し、「天下の儀」は自分が引き受けたと述べているが、これは現在では、あくまでも畿内の統治のことだという見方が有力視されている。

信長が強いうえに尾張が特別に豊かだった

浅井氏と朝倉氏、甲斐《かい》（現在の山梨県）の武田氏などの強敵を、信長は次々と打ち破っていく。これを、軍事の才能のみによるものと解釈するのは一面的だ。信長個人の器量に加えて、尾張が地盤だったからという見方もある。

１カ国の財力は、石高（米の生産量）で示される。豊臣秀吉が天下統一後に「太閤検地」を行なうまで石高の全国統計はないため、信長の死後の数字となってしまうが、１５９８（慶長３）年の段階で尾張は57万石にあたる財力があった。律令制で定められた66の津令国のうち、当時50万石以上は、尾張と美濃のほか、かつての都・平城京などを抱えて人口が多い大和（現在の奈良県）、面積が広大な陸奥《むつ》（現在の青森県、岩手県、秋田県東部、宮城県、福島県）、平地の多い常陸《ひたち》（現在の茨城県）など少数で、多くの国は10～20万石だ。

尾張の石高の大きさは、広大な濃尾《のうび》平野に面していたので農業地帯が広いうえに、早くから商業も発達していたためだ。信長はこの尾張を拠点とし、美濃も早い段階で併呑した。そこから得られる財力こそが、多くの兵員を働かせたり、大量の武器を購入したりする力の源となっていたわけである。

また信長は、早くから鉄砲を合戦に導入するなど西洋人の知識や技術を吸収し、商業都市の堺を保護して経済の振興に力を入れたといわれるが、これは信長の専売特許ではない。信長に先んじて一時的に室町幕府から実権を奪った三好長慶も同様の政策を取っており、西洋人との交流に力を入れた武将は九州の大友宗麟《おおともそうりん》、東北の伊達政宗など数多い。

寺社への容赦ない弾圧も、信長が日本初ではない。恐怖政治を断行した室町幕府六代将軍・足利義教も、自分を批判した日蓮宗の僧侶・日親《にっしん》を拷問し、比叡山の僧を大量に斬殺している。そもそも、比叡山と幕府や朝廷との衝突は、平安時代からくり返されてきた。当時の寺社は広大な荘園を持つ領主でもあり、多くの武士を雇い入れ、大名と同等の立場だった。信長の比叡山や一向宗への攻撃は、宗教弾圧というよりも、自分に従わない地方政権との戦闘の一種という性質が大きかったといえる。

以上のように、信長も意外と慎重だったり、当時の価値観では決してめずらしくない行動を取っていたりする。志半ばで倒れたゆえにこそ、のちの世では信長をめぐる想像が大きくふくらみ、人々を惹きつけているともいえる。

深刻な財政難を招いた直江兼続の無謀な挑戦

〈生年〉1560（永禄3）年
〈没年〉1620（元和5）年

「天下分け目の戦い」とも呼ばれる関ヶ原の戦いでは、全国の大名が東西の陣営に分かれて激突した。関ヶ原での本戦のみに注目が集まることが多いが、東北や九州でも付随した合戦が行なわれている。

東北を舞台にした慶長《けいちょう》出羽《でわ》合戦の主役である直江兼続《なおえかねつぐ》は、盟友の石田三成と連携し、徳川家康に敢然と立ち向かったことで人気が高い。ところが合戦の実情は、巷《ちまた》に広まっているイメージとは大分異なるようである。

16世紀末、上杉家の家督は上杉謙信の養子（姉の子）である景勝《かげかつ》に受け継がれていた。長く上杉家の領国は越後（現在の新潟県）であったが、1598（慶長3）年に豊臣秀吉の命令により陸奥《むつ》（現在の青森県、岩手県、秋田県東部、宮城県、福島県）の会津へ領地替えとなった。当時の石高は120万ともいわれている。

上杉は豊臣五大老の中でも徳川家康、毛利輝元に次ぐ大身であり、秀吉に代わって天下人になろうとしていた家康にとって大いに警戒すべき相手であった。

領地替えしたばかりの上杉家では、新道整備や兵糧の確保などが進められていた。しかし、これに対して謀反を企てていると讒言する者がいた。家康は景勝の上洛を求めたが、家老の兼続は断固拒否し、逆に家康を挑発するような手紙を送りつけた。

これは「直江状」と呼ばれているが、原本は存在せず写本のみが伝わっている。使われている文言に不自然な点が多いことから偽書とする説もあるが、交渉役の僧侶・西笑承兌《さいしょうじょうたい》と兼続が書簡のやり取りをしていたのは事実であり、兼続の返書が後世に改竄された可能性もある。いずれにせよ、兼続の返答は無礼なものであったという。

その態度に激怒した家康は、全国の大名に号令を掛け、上杉討伐を開始する。通説によれば、兼続と三成は共謀し、東西から徳川軍を挟撃する策を立てていたとされる。

とはいえ、どこまで細かく作戦を練っていたかは疑問が残る。三成の挙兵を知った家康は即座に踵《きびす》を返し、西国へ転進した。このとき、上杉軍は徳川軍を追撃することもできたが、兼続はそれを選択しなかった。景勝の強い反対があったという。こうした根回しの不徹底からみても、三成との間で入念な下準備があったとは言い難い。

その後、上杉軍は隣国の出羽（現在の山形県、秋田県）を治める最上義光《もがみよしあき》の領内に攻め入るのだが、上杉と最上は庄内地方の領有をめぐってたびたび紛争を起こしており、慶長出羽合戦は上杉家の領国支配の安定化を目指す戦いであった可能性が指摘されている。

2万5千もの大軍を率いて最上領に侵攻した兼続であったが、1千人前後の兵で守る長谷堂《はせどう》城を落とすことができず、その間に関ヶ原の戦いで東軍が勝利した報せが届く。兼続は撤退を余儀なくされ、慶長出羽合戦も東軍の勝利に終わった。

戦後の仕置きは、上杉家にとって厳しいものであった。会津から米沢へ転封となり、石高は30万石にまで減らされてしまう。従来の4分の1になってしまったのだから、これまで抱えた家臣を養えるはずもない。それでも、景勝は家臣を解雇しなかった。結果、上杉家は慢性的な財政難を余儀なくされるのである。

前述の「直江状」は、権力者に刃向かう兼続の気骨を示すものとして、今日における兼続人気の一端を担っている。しかし結果を見れば、全国有数の大大名であった上杉家を衰退させた兼続の責任は重い。その後、上杉家は徳川への忠誠を誓う。引き続き、家老職を務めた兼続は藩政改革や新田開発などを推し進めたが、上杉家の根本的な財政再建は、江戸時代中期の名君・上杉鷹山《ようざん》の登場まで待つこととなる。

武将よりも文化人としての評価が高い前田慶次

さて、兼続といえば三成のほかにもう1人、朋友とされる人物がいる。前田慶次《けいじ》こと前田利益《とします》である。

実父は滝川一益《たきがわかずます》の従兄弟（あるいは甥）の滝川益氏《ますうじ》と伝わる。幼少期に前田利家の兄・利久の養子となるが、家督を継いだ利家との折り合いが悪く、１５９０（天正18）年以降に前田家を出奔。京都で放蕩生活を送ったのち、会津へ移封後の上杉家に仕官し、１千石で召し抱えられた。

慶次の名を世に知らしめた隆慶一郎《りゅうけいいちろう》の小説『一夢庵風流記《いちむあんふうりゅうき》』や、それを原作とする漫画『花の慶次』では、利益は天下無双のかぶき者として描かれている。これらの作品は後世に成立した略伝や逸話集から材を採っており、史実とは言い切れない。確証のある文献の記述から、利益は１５８４（天正12）年の末森《すえもり》城の戦い、１５９０（天正18）年の小田原征伐などに従軍したことがわかっているが、具体的な活躍には触れられていない。前述の長谷堂城からの退却戦で武功を立てたことが、わずかに伝わるのみである。

むしろ歴史家の間では、利益は文化人としての評価が高い。京都で浪人生活を送っていたころは、連歌師の里村紹巴《さとむらじょうは》や茶人で武将の古田織部《ふるたおりべ》（重然《しげなり》）らと交流があり、米沢へ下向する際にしたためた『慶次郎道中日記』でも見事な和歌や漢詩を披露している。

米沢移封後も上杉家に仕えた利益は、兼続と２人で古代中国の歴史書『史記』に注釈を入れるなど、悠々自適の生活を送っていたという。親子ほどの年の差がある２人だが（利益が年長）、馬が合ったことは事実のようだ。

〈生年〉１５６７（永禄10）年
〈没年〉１６３６（寛永13）年

派手な言動で隠れがちな伊達政宗の〝大局観の欠如〟

洒落《しゃれ》た身なりをしている男性を意味する「伊達男《だておとこ》」。この言葉は奥州の戦国大名・伊達政宗に由来するという。華美な服装を好んだ政宗は、人目を引く言動にも事欠かない。広く知られているのは、「死に装束《しょうぞく》」での小田原参陣と、「黄金の十字架」のパフォーマンスであろう。

政宗が伊達家の家督を継いだ１５８４（天正12）年は、羽柴秀吉と徳川家康の間で小《こ》牧《まき》・長久手《ながくて》の戦いが行なわれた年であり、これに事実上勝利した秀吉が天下人の座をほぼ手中にしていた。１５９０（天正18）年には天下統一の総仕上げとして小田原征伐が行なわれるが、これに困惑したのが、まだ秀吉の臣下となっていない奥州の諸大名である。秀吉に下るか、後北条氏と組んで徹底抗戦するか。政宗の父・輝宗の代より後北条家と誼《よしみ》を交わしていた伊達家でも議論が紛糾し、紆余《うよ》曲折を経て政宗は秀吉への降伏を決断する。

たび重なる小田原への参陣要請に応じなかった政宗に対し、秀吉が激怒していることは明白であった。一計を案じた政宗は、純白の死に装束をまとって、小田原の石垣《いしがき》山に築かれた秀吉の陣に出頭する。「すでに死は覚悟している、あとは関白殿下の思し召しのままに」という意思表示である。

無論、政宗にはむざむざと手打ちになる気など毛頭ない。秀吉との謁見《えっけん》を待つ間、石垣山の陣に茶人・千利休が来ていることを知った政宗は、茶の手ほどきを願い出る。生きるか死ぬかの瀬戸際にあっても茶を学ぼうとする政宗の剛胆さを気に入った秀吉は、遅参の罪を許した。

ただし、無罪放免という訳ではなく、伊達家はおよそ120万石であった領地を75万石に減らされてしまう。没収された会津黒川には蒲生氏郷《がもううじさと》が入り、改易となった大崎義隆《おおさきよしたか》、田村清顕《きよあき》らの領地は木村吉清《よしきよ》に与えられた。この「奥州仕置《しお》き」が政宗を再び窮地に陥れることとなる。

一揆扇動の疑惑を払拭した「鶺鴒の目」

吉清が新領主として入った葛西《かさい》・大崎領は、性急な統治に対する領民の不満が高まっており、葛西・大崎一揆が発生する。鎮圧の任務は政宗と氏郷に与えられたが、氏郷は領民を扇動する政宗発給の檄文《げきぶん》を入手する。政宗こそが一揆の黒幕であるという証拠である。

氏郷からの報告を受けた秀吉は、即座に上洛して弁明するよう政宗に命じた。その途上で政宗が行なったのが「黄金の十字架」のパフォーマンスである。政宗は小田原征伐のときと同様、白装束に身を包み、さらに金箔を施した磔柱《はりつけばしら》を隊列の先頭に押し立てて京都市中を練り歩いた。人々はこのド派手なパフォーマンスに驚愕し、政宗は派手好きで知られていた秀吉の歓心を得ることに成功する。

その後に行なわれた疑惑の弁明でも、政宗は策を弄《ろう》していた。通常、大名は重要な文書に「花押《かおう》」という自身のサインを記す。政宗の花押は鶺鴒《せきれい》という鳥の形を模しており、これまで秀吉に送った書状の鶺鴒には、すべて目の部分に針で穴が開けられていた。しかし氏郷が入手した檄文にはそれがなく、政宗は檄文が偽物であると主張。この策が奏功し、政宗は再び罪を免れるのである。

今日では、この葛西・大崎一揆における政宗の扇動は実際にあったと考えられている。おそらく当時の秀吉もそれを見抜いていたはずだが、助命したのは政宗の才覚を惜しんだからであろう。

土壇場で発揮される機転は、今日の政宗が名将と呼ばれる理由のひとつといえる。しかし、ちょっと待ってほしい。小田原の一件もそうだが、これらは謝罪パフォーマンスであり、政宗が当初から大人しく豊臣政権に服従していれば、謝罪の必要はなかったはずである。政宗が才気に富むことは事実だが、物事を大局的にとらえる視点には欠けていたといえなくはないだろうか。

大幅加増をフイにした政宗の〝余計な野心〟

こんな逸話もある。徳川家康と石田三成の間で開戦の気運が高まっていたころのことだ。三成は盟友の上杉家家老・直江兼続と連携を図り、東西から家康を挟撃する作戦を立てる。兼続は最上義光の領国に攻め入り、東軍の政宗は最上家に援軍を送った。

戦前、家康は政宗に対し大幅加増を約束しており、このまま何事もなく関ヶ原の戦いが東軍の勝利に終われば、伊達家は従来の58万石と併せて100万石以上の領地を手にすることとなっていた。しかし政宗は、最上家に味方する一方で、同じ東軍の南部家が所有する和賀《わが》郡の旧領主・和賀忠親《ただちか》を焚きつけ、一揆を起こさせた。混乱に乗じてさらなる領地を手にしようという目論見である。

結局、この企《くわだ》ては失敗し、忠親は自害を余儀なくされる（政宗による暗殺説もある）。一揆と政宗を結びつける証拠はなくなったが、先の秀吉同様、家康も政宗の関与を疑っていたのだろう。「百万石のお墨付き」は反故にされ、政宗はわずか2万石の加増しか得られなかった。時節を顧《かえり》みない〝余計な野心〟が顔をのぞかせたばかりに、100万石は幻と消えたのである。

敗軍の将・真田幸村は本当に「日本一の兵」だったのか

〈生年〉１５７０（元亀元）年 ※諸説あり
〈没年〉１６１５（慶長20）年

戦国武将の中でも取り分け高い人気を誇る真田幸村は、江戸時代からすでに庶民のヒーローであった。本名が「信繁《のぶしげ》」であることは、２０１６（平成28）年のNHK大河ドラマ『真田丸《さなだまる》』によって周知のところであろう。生前には用いなかった「幸村」という名乗りの初出は、１６７２（寛文《かんぶん》12）年成立の軍記物『難波戦記《なにわせんき》』であり、以降は講談の主人公として庶民の人気を獲得するのである。

連綿と受け継がれる幸村のイメージの大本となっているのは、大坂夏の陣での信繁の戦いぶりに対する「真田日本一《ひのもといち》の兵《つわもの》」との評価だと思われる。これは薩摩藩初代藩主・島津忠恒《ただつね》の言葉だが、忠恒は大坂の陣に参戦しておらず、信繁の活躍を人づてに聞いたにすぎない。現代においては「日本一の兵」という言葉のインパクトのみが一人歩きし、信繁の実像とイメージをかけ離れたものにしてはいないだろうか。

そもそも信繁は生涯において参加した合戦が少なく、小田原征伐、第二次上田城の戦い、大坂冬の陣・夏の陣の４回しかない（第一次上田城の戦いを初陣とする説もある）。この

真田信繁の家系図と戦歴

〈真田家の家系図〉

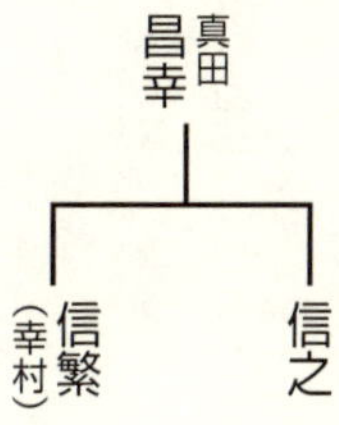

〈信繁が参加した合戦〉

年	合戦名
1590（天正18）	小田原征伐
1600（慶長5）	第二次上田城の戦い
1614（慶長19）	大坂冬の陣
1615（元和元）	大坂夏の陣

4度しか合戦に出ていないが、2度の大坂の陣でめざましい活躍を見せた。

うち、小田原征伐での松井田《まついだ》城攻めと、第二次上田城の戦いは、戦国屈指の知将として名を馳せた父・昌幸《まさゆき》の指揮によるものであり、信繁自身が采配《さいはい》を振るった合戦は2度の大坂の陣だけなのである。

その初戦となる1614（慶長19）年の大坂冬の陣では、信繁は後藤又兵衛《またべえ》、毛利勝永《かつなが》、長宗我部盛親《ちょうそかべもりちか》、明石掃部《あかしかもん》とともに戦闘を指揮した。総司令官の大野治長《はるなが》が籠城策を選択すると、信繁は防御の脆弱《ぜいじゃく》な平野口の南に出城を築く。世にいう「真田丸」である。

読み通り城の南から攻撃を仕掛ける徳川軍を、真田隊は無数の矢弾《やだま》を浴びせて撃退し、豊臣方はどうにか和睦《わぼく》にこぎ着ける。

この冬の陣における勲功の第1位が信繁であることは間違いない。

しかし、休戦期間を経て行なわれた1615（慶長20）年の大坂夏の陣では、信繁は明らかな失敗を犯している。先の合戦の講和条件により大坂城の堀は埋められていたため、豊臣方は野戦策を選択する。信繁は大坂に向かっている敵の機先を制すべく、道明寺付近で徳川軍を迎え撃つ策を採った。信繁、勝永、又兵衛ら豊臣方の主力部隊が連携しての作戦である。

ところが、決行当日は朝から濃霧が立ちこめており、信繁は道明寺への着陣が大幅に遅れてしまう。一足先に着陣していた又兵衛は、信繁と勝永を待たずに徳川軍に攻撃を仕掛け、討ち死にしてしまうのである。

ようやく戦地に到着した信繁は、伊達政宗の軍勢と一戦を交えるも決着はつかなかった。戦闘が一段落つくと、信繁は又兵衛を死なせたことを恥じ、自害を口にしたという。これは勝永の説得により思い留まったが、両軍の戦力差から考えても、豊臣方の勝機はこの奇襲にしかなく、信繁にとっては悔やんでも悔やみきれない過失であった。

やがて戦地には治長からの撤退命令が届き、豊臣方の武将は大坂城へ退却した。信繁は追撃する徳川軍に対し、「関東勢百万と候え男は1人もなく候」と挑発したという。これは信繁の気概を表す逸話として知られているが、『武徳編年集成《ぶとくへんねんしゅうせい》』によれば、特段の戦果がなかったにもかかわらず悠々と帰城した信繁に対し、味方の将兵から怒りの声が挙がっていたそうである。

新発見の史料が伝える信繁の最期

その後の信繁の活躍は周知のとおりだ。大坂城下で行なわれた最終決戦で、信繁は徳川軍の本陣に突撃を仕掛け、家康を3里（約12キロメートル）も後退させた。しかし態勢を立て直した徳川軍に押し戻され、戦線離脱した信繁は安井神社で休息しているところを松平忠直の家臣・西尾宗次《むねつぐ》に討たれるのである。

この信繁の最期に関しては、当時の状況を伝える新たな史料が2016（平成28）年に発見された。従来の創作物では、最期を悟った信繁が宗次に手柄を立てさせるべく、みずから首を差し出したと描かれることが多い。しかし新史料によれば、宗次は眼前の武将が信繁と知らないまま一騎打ちを挑み、信繁を討ち取ったという。名もなき兵士と戦った末の討ち死にという最期も、幸村の持つ名将のイメージからは遠い。

自身が指揮した合戦の戦績は1分1敗。この数字だけを見れば信繁を「日本一の兵」と呼ぶのは過大評価といえる。だが、信繁が愛される理由は合戦の結果からは見えてこない。大坂冬の陣の最中、家康は信濃1国と引き替えに寝返りを持ちかけたが、信繁は頑《かたく》なに拒んでいる。この忠義心こそ、信繁を「英雄・幸村」にした最大の要因であろう。

凡庸のイメージを覆す!? 辣腕を振るった徳川秀忠

〈生年〉1579（天正7）年
〈没年〉1632（寛永9）年

偉大な創業者の二代目は、どうしても陰が薄くなりがちだ。たとえば、鎌倉幕府の創設者が源頼朝であることは多くの人が知っている。しかし二代将軍・源頼家の名前は歴史にくわしい人でなければ出てこない。これは室町幕府の足利将軍も同様だ。

では、江戸幕府の場合はどうであろう。初代将軍の徳川家康、三代将軍の家光は多くの人が知っているが、その間に挟まれた二代将軍の秀忠は、やはり印象が薄い。しかし、その生涯を振り返ってみると、秀忠こそ徳川の世を軌道に乗せた名君であることがわかる。

今日の秀忠は、温厚かつ凡庸というイメージが定着している。実際、将軍になるまではそうした人物であった。とくに軍才に関してはお世辞にも優れていたとは言い難い。秀忠の評価を大きく下げる要因となったのは、関ヶ原の戦いに付随して行なわれた1600（慶長5）年の、第二次上田城の戦いである。

家康をはじめ東軍諸将は続々と関ヶ原に集結しており、秀忠も3万8000の大軍を率いて東軍に合流することになっていた。しかし、その道中の信濃（現在の長野県）で真田

徳川家康の息子たち

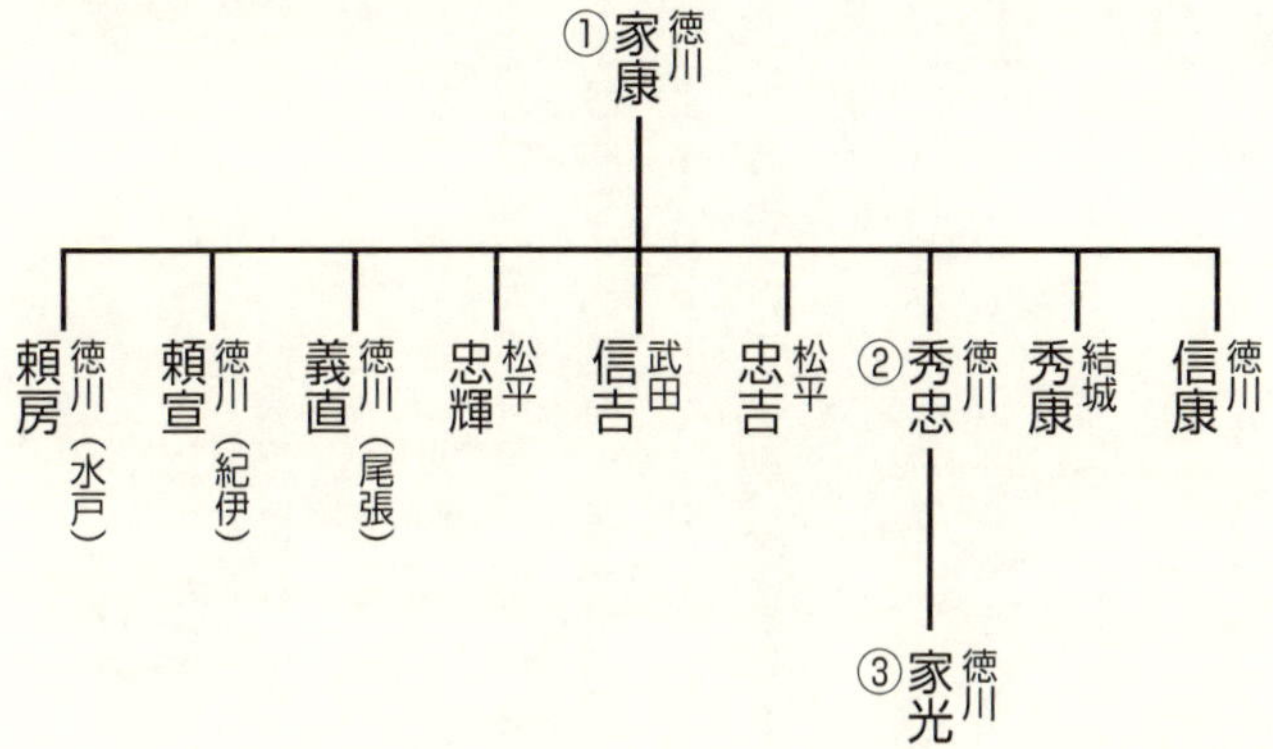

長男の信康はすでに死亡しており、秀康、秀忠、忠吉が次期将軍の候補であった。

昌幸・幸村（信繁）親子の抵抗に遭う。秀忠はわずか３０００の真田軍に翻弄され、関ヶ原の本戦に間に合わなかったのである。

戦後、家康は重臣たちを集め、自分の後継者に誰がふさわしいかを諮問した。家康には三男の秀忠以外にも有能な息子がいる。四男の松平忠吉は関ヶ原の戦いで西軍に一番槍をつけ、次男の結城秀康も宇都宮にて西軍の上杉家を牽制する役目を果たした。

重臣たちの意見が忠吉と秀康に二分されるなか、大久保忠隣《ただちか》が異を唱えた。「天下を治めるには武勇よりも文徳が肝要。中納言殿（秀忠）は謙虚にして御孝心に篤く、文徳と知勇を兼ね備えている」――この言葉に家康も納得し、秀忠を後継とすることが決まったとされる。

1603（慶長8）年に征夷大将軍となった家康は、2年後には早くも秀忠に譲位し、幕府将軍が世襲によって受け継がれることを宣言した。ただし、家康は治世のすべてを秀忠に任せたわけではなく、自身は「大御所」として、隠居先の駿府城から秀忠に指示を与えていた。当時の秀忠は決して父に逆らわず、傀儡《かいらい》の将軍に徹した。忠隣が指摘した孝心に加え、父譲りの忍耐強さも秀忠の長所であろう。

そして1616（元和2）年、家康は75歳でこの世を去る。秀忠は名実ともに幕府の最高権力者となるのだが、家康が定めた政権運営の方針からはみ出すことはなかった。

創設間もない幕府の課題は、徳川将軍家を頂点とする幕藩体制の確立である。そのためには武家を統制しなければならず、幕府は大名や旗本の権利・行動を制限する「武家諸法度」を制定した。これは秀忠の名で公布されているが、法の策定を主導したのは生前の家康である。

二代将軍となった秀忠は、この武家諸法度に罰則規定を加え、違反した大名家を次々に改易した。秀忠の治世で取りつぶされた大名家は、じつに41にものぼる。これは歴代の徳川将軍の中でも非常に多い数字であり、秀忠は凡庸どころか辣腕《らつわん》政治家であったことがうかがえる。

しかも、取りつぶしの第1号は弟（家康の六男）の松平忠輝であった。かねてより家康との仲が悪かった忠輝は大坂の陣にも参戦せず、秀忠はその罪で忠輝を領国の越後（現在の新潟県）から信濃に流した。法の運用に私情は挟まないという決意の表れであろう。

武家のみならず朝廷の権限も規定

将来的に幕府の敵対勢力になり得るのは、武家だけではない。朝廷や公家、そのふたつと関係の深い寺社も、幕府にとっては危険分子である。当時は朝廷が高位の僧侶に紫衣を与え、その見返りとして送られた金銭が、朝廷の大きな収入源となっていたが、秀忠は家康時代に策定された「禁中並公家諸法度」を適用し、朝廷がみだりに紫衣を与えることを禁じた。この「紫衣事件」により、朝廷の行動も幕府の法の下に規定されることが示されたのである。

こうして振り返ってみると、将軍としての秀忠の功績は、家康がつくりあげた法体系を完成させる、あるいは多少性急ながらも矢継ぎ早に運用することで制度を定着させたところにある。

歴史に〝たられば〟は禁物だが、おそらく家康がもう数年存命していたとしても、秀忠と同じように振る舞ったのではないだろうか。秀忠はまさに家康の分身であり、江戸幕府は親子二代によって完成したといえよう。

生類憐れみの令を施行した徳川綱吉の真のねらい

〈生年〉1646（正保3）年
〈没年〉1709（宝永6）年

歴代の徳川将軍の何人かには、あだ名がつけられている。たとえば四代将軍の家綱は、政務を老中に任せきりだったことから「左様《さよう》せい様《さま》」。八代将軍の吉宗は米相場の安定に苦慮したことから「米将軍」。九代将軍の家重は頻尿であったことから「小便公方《くぼう》」というありがたくないあだ名だ。

そして、五代将軍の綱吉は「犬公方」。これは極端な動物愛護令とされる「生類憐《しょうるいあわ》れみの令」に由来する。この法令は当時から天下の悪法と呼ばれ、綱吉の歴史的評価を低下させる要因となっている。

生類憐れみの令はひとつの法令を差すものではなく、綱吉の死後に撤廃されるまで100回以上にわたり公布された法令の総称である。その始まりについては諸説あるが、現在では1685（貞享《じょうきょう》2）年に公布された、「将軍御成の道中に犬猫がいても構わない」という町触れを最初とする見方が広く支持されている。

1687（貞享4）年には病気になった牛馬を捨てることが禁じられ、さらに捨て子や捨て病人も禁じられた。当時はとくに貧農において、口減らしのための捨て子や子殺しが横行しており、宿屋においては病気の宿泊客が死亡することを嫌い、看病せず路上に放り出すことが相次いでいたという。儒教を好んだ綱吉が治世において重視していたのは「仁《じん》心《しん》」であり、生類憐れみの令はその言葉どおり、仁心をもってすべての生命を慈しむことを目的としていた。

しかし、法令はしだいに偏ったものへと変質していく。100を超える法令のうち、犬の愛護に関するものは3分の1にもおよぶ。そうなった原因としては、次の俗説が広く知られている。

綱吉は長子の徳松《とくまつ》を幼くして亡くし、その後は跡継ぎに恵まれなかった。母の桂昌院《けいしょういん》の寵愛深い真言宗の大僧正・隆光《りゅうこう》に相談すると、前世で行なった殺生の報《むく》いであり、犬を大切にすれば男児に恵まれるとの進言を受け、犬の愛護に固執するようになったという。ところが、生類憐れみの令が導入された当時、隆光は高僧の地位にはなく、現在この説は否定されている。

ではなぜ、綱吉はことさら犬を愛護するようになったのか。これは生類憐れみの令の一環として公布された、鷹狩りの禁止が影響している。犬は武家で飼われていた鷹の餌としても利用される。鷹が野に放たれたことで江戸には野犬が増加し、結果として犬に関する法令が増えたのである。

ならば、生類憐れみの令自体を廃止してもよさそうなものだが、幕府はそうはしなかった。むしろ犬の保護はより手厚くなっており、四谷や中野には野犬の収容所が建設されている。中野の収容所には10万匹を超える犬が保護されていたが、費用は町人の負担であり、その生活は著しく圧迫された。

江戸市民の中には幕政への批判を込めて、あえて犬を殺害する者も現れた。これは明確な反逆行為であり、下手人には死刑が下された。ちなみに、生類憐れみの令違反により極刑が下された件数は、法令が撤廃されるまでの20数年間で13件にのぼるという。ある尾張藩士は1693（元禄6）年当時の江戸市中の有様を「戦々競々（恐々）」と記している。

法令撤廃後も引き継がれた綱吉の理想

このように、綱吉の犬の愛護に対する姿勢は明らかに行き過ぎであり、生類憐れみの令は悪法と呼ばれても致し方ない。しかし評価すべき部分もある。

綱吉は1709（宝永6）年に死去し、新将軍の家宣《いえのぶ》は綱吉の葬儀を待たずに生類憐れみの令を撤廃した。ただしそのすべてを廃止したわけではなく、捨て子や捨て牛馬の禁止は残された。「仁心をもって全ての生命を慈しむ」という綱吉の理想そのものは、否定されなかったのである。

また、綱吉は生類憐れみの令の一環として、かぶき者（派手な身なりをして乱暴狼藉を行なう武士）の摘発を行なっている。これは彼らの間で流行していた犬食を止めさせるための処置だが、当時の江戸ではかぶき者と町民の間で喧嘩などのトラブルが多く、殺人や自殺などの騒動に発展することもあったという。前時代的な人命軽視の風潮や、血気盛んな武士の気質を抑えることは、武断主義から文治主義への転換を図るうえで非常に重要であった。

加えて生類憐れみの令には、幕府による全国の統制強化という側面もあった。たとえば、1689（元禄2）年からは鳥獣保護を名目に、各藩に対して鉄砲の使用を制限している。これは刀狩りの鉄砲版とも呼べる政策であり、その本質は、人民を保護する権限を各藩から奪い、幕府に集中させることにあった。

こうした綱吉の儒教を根底とした政策は、日本の風習とも深くつながっている。死んだ人を先祖と同じ墓に入れるようになったことで墓参りが一般化し、「服忌《ぶっき》令」という法令が忌引きとして定着する。そして一説によると、綱吉が自身の子どもの健康を祝ったことが「七五三」の起源ともいわれている。

緊縮財政政策からの転換を余儀なくされた徳川吉宗

〈生年〉１６８４（貞享元）年
〈没年〉１７５１（寛延４）年

時代劇『暴れん坊将軍』の主人公として知られる、江戸幕府八代将軍の徳川吉宗。このドラマは将軍みずから刀を振るい、悪代官や悪徳商人を懲らしめる勧善懲悪のストーリーで人気を博した。ドラマはもちろんフィクションだが、吉宗が立派な体躯をした偉丈夫だったのは事実であり、幼少期は手がつけられないほどの〝暴れん坊〟であったという。

吉宗は１６８４（貞享元）年、徳川御三家の１人である紀州藩主・徳川光貞《みつさだ》の三男として生まれた。本来であれば藩主にすらなれない身分であったが、２人の兄の相次ぐ急死により、１７０５（宝永２）年に藩主となる。

その11年後、七代将軍の徳川家継《いえつぐ》が夭折《ようせつ》し、御三家当主の中から次の将軍を選ぶこととなった。吉宗は初代将軍の家康に最も血筋が近く、加えて藩政改革で成果を上げていたことから白羽の矢が立てられ、１７１６（正徳６）年に八代将軍となった。

将軍としての吉宗に突きつけられた課題は、幕府の財政再建である。当時の幕府の主な財源は、約４００万石の直轄地から上がる年貢米と、伊豆金山・佐渡金山・生野《いくの》銀山など鉱山からの収入であった。しかし当時は飢饉が続発しており、金銀の産出量も減少傾向にあった。幕府財政は悪化の一途をたどっていたのである。

吉宗が主導した「享保の改革」における財政再建策は、倹約による支出削減と年貢の加増による収入増加を2本の柱としている。まずは全国に向けて「倹約令」を発令し、武家のみならず町人や農民の贅沢も禁じた。吉宗自身も質素な生活に努め、食事は1日2回、一汁一菜のみであったという。また、巨額の支出を計上していた大奥の改革も行ない、約4000人の人員を1300人に削減している。働き口に困らない美人から解雇した話は有名だ。

年貢収入の増加に関しては、「上米《あげまい》の制」が導入された。これは全国の大名に対して、領地石高1万石につき100石の米を献上させる法令であり、その引き替えとして参勤交代での江戸滞在期間を1年から半年に短縮した。

一方、農村部では徴税方法が改められ、その年の収穫高を元に年貢量を算出する「検見《けみ》法」に代わって、数年間の平均値を元にした「定免《じょうめん》法」が導入された。幕府からすれば豊作・不作に関係なく税収が安定するが、不作時でも変わらない年貢量は農民の大きな負担となった。加えて年貢率も従来の四公六民が五公五民に改められている。額面では10％の増税だが、以前の実質的な税率は27％程度であり、倍に近い増税であった。

貨幣改鋳でようやく治まったデフレ

こうした吉宗の政策により、幕府に納められる年貢米の量は確かに増加した。ただし、それだけでは収益の増加とはならない。当時は貨幣経済の進展期であり、武士は給料として受け取った米を現金に換えて生活物資を購入していた。つまり、米の価格が上がらない限り増収とはならないのである。

質素倹約を旨とする吉宗の政策は消費を滞らせ、深刻なデフレを生んでいた。加えて享保の改革では新田開発にも注力されており、市場に出回る米の増加が米価の下落に拍車を掛けた。米相場の安定も幕府の大きな課題であり、吉宗は1730（享保15）年に大坂堂島米会所を公認して市場介入を行なったが、成果にはつながらなかった。

歯止めの掛からないデフレを前に、吉宗は緊縮財政の方針を一部撤回し、貨幣改鋳に踏み切った。貨幣に含まれる金銀の量を減らすことで市場の貨幣供給量を増やし、米価を上げようとしたのである。

吉宗は1736（元文《げんぶん》元）年の改鋳で、従来の貨幣よりも金銀含有量の少ない元文金銀へと切り替えた。これにより貨幣流通量は40％ほど増加したとみられており、幕府はデフレからの脱却に成功するのである。

徳川吉宗による「享保の改革」

改革	改革の内容
質素倹約	吉宗みずからが木綿を着用。食事は1日2回、一汁一菜。大奥の人員を4000人から1300人まで減らす。
目安箱の設置	民意を広く集める。その結果、小石川療養所が設置される。
町火消しの整備	それまでの主力だった幕府の役人や大名火消しから、町人を主力とした町火消しが整備された。
新田開発	新たに開墾された土地からの収入は開墾者のものとした。
上米の制度	参勤交代で江戸にいる期間を1年間から半年に減らす代わりに、1万石あたり100石を幕府に納めさせる。
年貢の徴収強化	これまでの検見法から定免法へと切りかえる。

改革によって幕府の財政が持ち直したが、庶民の負担は大きくなった。

ちなみに、元文の改鋳を吉宗に進言したのは、やはり時代劇のヒーローとして知られる町奉行・大岡忠相《ただすけ》である。テレビドラマ『大岡越前』の影響で司法官のイメージが強い忠相だが、貨幣改鋳以外にも町火消しの設置や小石川療養所の創設などを主導。江戸市政の全般に関わった優秀な奉行であった。

この元文の改鋳は、享保の改革における成功例のひとつとされているが、先述したように従来の方針を改めた結果であり、吉宗の緊縮財政政策は失敗であったといえるだろう。

数々の増税政策も一定の成果はあったが、大名に頼った上米の制は幕府の権威失墜につながり、疲弊した農村部では百姓一揆が増加した。失ったものも決して少なくない享保の改革であった。

速やかに新時代へ移行させた？ 徳川慶喜の〝敵前逃亡〟

〈生年〉1837（天保8）年
〈没年〉1913（大正2）年

歴代の徳川将軍の中で、徳川慶喜ほど評価の分かれる人物はいないかもしれない。低評価の最大の要因となっているのは、鳥羽・伏見の戦いでの敵前逃亡である。慶喜は指揮官という立場でありながら、将兵を置き去りにしたまま、側近のみを連れて江戸城へ逃げ帰ってしまったのである。

幕末の動乱を描いたテレビドラマや映画には、討幕勢力であった薩摩・長州藩の視点で描かれたものが多く、慶喜の逃亡はことさら誇張されている感が否《いな》めない。しかし史実をつぶさに見ていくと、慶喜の為政者としての思惑・決断には少なからず理解できるものがある。

将軍としての慶喜は、徳川家の長と天皇の臣下というふたつの立場の間で、つねに揺れ動いていたといえる。そのジレンマは彼の出自と無関係ではない。慶喜が生まれた水戸藩は、江戸時代の日本に尊皇思想を広めたとも言える徳川光圀《みつくに》を遠祖に持つ。慶喜の実父である徳川斉昭《なりあき》は言うにおよばず、慶喜自身も尊皇攘夷思想の持ち主であった。

幼少期から英明で知られていた慶喜は、十二代将軍の徳川家慶《いえよし》や老中・阿部正弘の要望で、1847（弘化《こうか》4）年に徳川御三卿のひとつである一橋《ひとつばし》家の養子に入る。その後は十四代将軍の座を紀州藩主の徳川慶福《よしとみ》（のちの家茂《いえもち》）と争い、大老の井伊直弼《なおすけ》が推す慶福が次の将軍となる。直弼が推し進めた尊皇攘夷派の弾圧により慶喜は謹慎処分となるが、直弼が水戸藩士に暗殺されたことで幕政への復帰を果たした。

1866（慶応2）年、家茂が第二次長州征伐の最中に陣中で病没し、慶喜は十五代将軍となる。この第二次長州征伐では、これまで佐幕派であった薩摩藩が長州藩を支援したことで幕府軍は敗北を喫してしまう。兵の数では勝る幕府であったが、兵器の性能ではイギリスを後ろ盾とする薩長に分があった。全面戦争になった場合、幕府は薩長に勝てないことを、慶喜はこのときに悟ったとみられている。

衝突回避の方策を練る慶喜に、佐幕派の土佐藩家老・後藤象二郎が持ちかけたのが、政権の朝廷への返上、すなわち「大政奉還」である。同様のことは以前より慶喜も模索していたらしく、幕藩体制を廃止して郡県制を敷くことなどを大目付の永井尚志《なおむね》らと議論している。後藤の新体制案では、天皇の下に議会を置くことにも言及されており、これは尊皇思想の持ち主である慶喜にとっても理想とするものであった。

かくして1867（慶応3）年11月、慶喜は京都の二条城で政権返上を表明する。これは討幕勢力にとって大きな衝撃であった。というのも、大政奉還と同じ日に朝廷から薩長へ討幕の密勅が下されていたからである。いわば薩長は振り上げた拳の落とし所を失ったことになる。

加えて、この大政奉還にはもうひとつの狙いもあった。資金と人材の乏しい朝廷に政権運営能力はなく、引き続き、徳川宗家に頼らざるを得ないという目論見である。

徳川家の排除にこだわる薩長

しかし、これは誤算であった。薩長の目的は、あくまで政権からの徳川家の排除であり、1868（慶応4）年1月に朝廷から発せられた「王政復古の大号令」のもと、クーデターを敢行する。世にいう「小御所《こごしょ》会議」の開催である。この会議では、福井藩主の松平春嶽《しゅんがく》や前土佐藩主の山内容堂《ようどう》が、慶喜を議定《ぎじょう》（新体制下の役職のひとつ）に加えることを求めたが、薩長派の公家である岩倉具視が条件として突きつけたのは、慶喜の辞官と徳川宗家の領地返上であった。

論戦の末、佐幕派の諸大名はこの要求をのむこととなる。現在の歴史家の間では、旧幕府勢力が朝廷に政権を返還した慶喜の判断を喧伝《けんでん》し、公家や諸大名からの求心力を高めていれば、小御所会議で佐幕派が主導権を握れていたとの見方がある。しかし慶喜は「何事も朝命に従う」として特段の根回しはしなかった。大政奉還に反対していたのは徳川一門の会津藩や桑名藩であり、その暴発を抑えることに注力しなければならなかったからである。

その後も武力討幕にこだわる薩長は、浪人に江戸市中でテロを起こさせるなど旧幕府への挑発行為を続けた。そしてこの挑発に乗る形で鳥羽・伏見の戦いが勃発する。冒頭でも触れたように、慶喜は開戦からわずか3日後に大坂城を脱出し、江戸へと帰還した。兵士には「引くことはけっして許さない」と厳命していただけに、この変節は非難されてもいたしかたない。

だが、慶喜の決断は、戦火の拡大を最小限に留め、薩長と幕府それぞれの後ろ盾であった英仏両国の政治介入の度合いを低下させたとみることもできよう。江戸に戻った慶喜と面会したフランス公使ロッシュは、引き続き、薩摩討伐を慶喜にけしかけたが、慶喜は断固として拒絶している。戦争の継続は英仏の利益にしかならないことを知っていたのであろう。その後、江戸城は官軍に明け渡され、幕府は265年の歴史に幕を降ろした。

現代において明治維新は「無血革命」と評されることがある。評価の是非はともかく、少なくとも慶喜は穏健な形で体制が変わることを望んでいた。結果として日本を速やかに新時代へ移行させた慶喜も、〝明治維新の立役者〟といえるのではないだろうか。

「敬天愛人」の西郷隆盛は冷酷な謀略家だった!?

〈生年〉1828(文政10)年
〈没年〉1877(明治10)年

明治維新の最大の功労者として知られる、西郷隆盛。その座右の銘である「敬天愛人《けいてんあいじん》」は、今日では単に「天を敬い、人を愛する」と解釈されているが、西郷曰く「道は天地自然の物にして、人は之れを行ふものなれば、天を敬するを目的とす。天は人も我も同一に愛し給ふゆゑ、我を愛する心を以て人を愛する也」(『南洲翁遺訓《なんしゅうおういくん》』)。つまり、自分を愛するのと同じように人を愛することが「敬天愛人」なのである。

しかし、西郷が愛にあふれた人物であったとは言い難い。流刑先の奄美大島で西郷と知り合った漢学者の重野安繹《しげのやすつぐ》は、次のように語っている。「西郷は兎角《とかく》相手を取る(敵をつくる)性質がある。これは西郷の悪いところである。自分にもそれは悪いということをいって居た。そうして、その相手をばひどく憎む塩梅がある。西郷という人は一体大度量がある人物ではない。人は豪傑肌であるけれども、度量が大きいとはいえない。いわば度量が偏狭である」(『西郷南洲逸話《さいごうなんしゅういつわ》』)。

今日では豪放磊落《ごうほうらいらく》のイメージが定着している西郷だが、人の好き嫌いが激しく、敵対した相手を許さない性質であったのは事実である。徳川慶喜との関係がまさにそれだ。

元来、薩摩藩は佐幕派であり、西郷は1864（元治《げんじ》元）年の第一次長州征伐では征長軍の参謀を務めていた。ところが、慶喜が外様藩を排した徳川一門のみによる政治を志向する中で、西郷と薩摩藩はしだいに幕府を見限るようになる。

加えて、同年5月に発生した天狗《てんぐ》党の乱への慶喜の対応も、西郷を苛立たせた。天狗党は慶喜の実家である水戸藩の尊王攘夷派志士の集団である。反乱を起こした彼らは慶喜に尊皇攘夷の意志を伝えるために西上するが、慶喜はみずから討伐軍を率いて乱の鎮圧にあたった。やむなく投降した党員の半数にあたる352人が、斬首刑に処されたという。事の顛末を聞いた西郷は大いに憤り、慶喜への憎悪を強めていくのである。

その後の政局は、まさに薩摩藩と慶喜の政争であった。雄藩連合による公議政体の実現を目指す西郷は、大久保利通とともに薩摩・土佐・宇和島・福井各藩の代表者による「四侯会議」の開催にこぎ着けるも、結局は慶喜に主導権を握られてしまう。起死回生の策として用いた討幕の密勅も、大政奉還により無意味なものとされてしまった。西郷と大久保が繰り出す策は、ことごとく慶喜につぶされた。

だが、そんな慶喜も、1868（慶応4）年1月に鳥羽・伏見の戦いで敗北したのちは恭順の意思を示し、西郷と勝海舟の間で行なわれた会談の結果、水戸での謹慎が決まる。

ただし、西郷は交渉の直前まで慶喜の処刑を強く求めていた。それほどまでに慶喜への恨みは強かったのである。

維新後の西郷はみずからの死に場所を求めていた

こうした不寛容や執念深さに加え、西郷は目的のためには手段を選ばない強引さと非情さも持ち合わせている。

時系列は前後するが、1867（慶応3）年12月、王政復古の大号令を受けて開催された小御所会議では、慶喜の処遇が主要議題となった。大久保と岩倉具視《ともみ》は慶喜の官位返上と領地返納を求めたが、佐幕派である前土佐藩主の山内容堂や福井藩主の松平春嶽が強く反発し、容堂と岩倉の口げんかのような討論が続いた。

会議はしばしの休憩となり、大久保と岩倉は別室に控えていた西郷に状況を説明する。すると、西郷は「短刀一本あれば片がつく」と答えた。「いざというときは殺してしまえ」という意味である。このやり取りを伝え聞いた容堂は、再開された会議ですっかり大人しくなってしまったという。

最終的に、この会議では慶喜の辞官納地が決まる。とはいえ、西郷がねらうのはあくまで武力による旧幕府勢力の打倒である。開戦の口実が欲しい西郷は尊攘派の浪士を雇い、江戸市中で略奪や放火、暴行などのテロ行為を起こさせた。やがて江戸城の二の丸からも火の手が上がり、旧幕臣は浪士への武力行使に打って出る。市中を警備していた庄内藩は、1000の兵を率いて芝の薩摩藩邸を焼き討ちにした。死者数は、双方合わせて75人。その中には、罪のない薩摩藩邸の使用人も含まれていた。この焼き討ち事件が契機となり、鳥羽・伏見の戦いが勃発するのである。

目的達成のためなら、犠牲が出ることもいとわない西郷は、自身の命にも頓着していなかった向きがある。1868（慶応4）年7月の上野戦争では、味方の薩摩藩士を皆殺しにするかのような大村益次郎《ますじろう》の策を受け入れ、激戦地となる寛永寺の黒門前で陣頭指揮を執った。のちの明治政府で征韓問題がもち上がった際も、西郷は自分が殺される可能性を顧みずに朝鮮への渡航を強硬に主張している。維新を成し遂げたあとの西郷は、死にたがっていたともいえるのである。

不平士族とともに起こした西南戦争も、西郷による「集団自殺」との指摘がある。反乱軍の目的が政府の真意を問うものであれば、海路から東京に向かえばよかったはずだ。しかし西郷は愚直に熊本鎮台への攻撃を仕掛け、自分を慕う士族とともに命を散らした。

「我を愛する心を以て人を愛する也」と「敬天愛人」の思想を説いた西郷だが、そもそも自分自身への愛はどれほど持っていたのだろうか。

国民から嫌われた大久保利通は最も優れた政治家だった!?

〈生年〉1830（文政13）年
〈没年〉1878（明治11）年

大久保利通の没後140年にあたる2018（平成30）年5月、鹿児島市でちょっとした騒動があった。同年5月5日付『朝日新聞DIGITAL』の報道によれば、有志グループが大久保の法要を西郷隆盛が眠る南洲墓地で行なおうとしたところ、西郷を研究するグループが反発し、法要の取りやめを求めたという。「大久保は西郷を死に追いやった」というのが、その理由だ。

西郷と大久保は、木戸孝允とともに「維新の三傑」と呼ばれているが、大久保は人気の面で西郷に大きく遅れを取っている。その差は全国よりも地元の鹿児島で大きく、大久保は鹿児島では嫌われているといっても過言ではない。

「敬天愛人」をモットーとする西郷に対し、大久保は理性的で冷徹。過去のドラマなどで強調されたイメージが、2人の人気に影響しているのだろう。西郷が敬天愛人の人であったかはともかく、大久保が冷徹だったのは事実といえる。しかしそれは、鹿児島のためではなく、日本のために己を捨てて働いた結果だ。

大久保と西郷は幼馴染《おさななじみ》であり、西郷が2歳年長だ。西郷が薩摩藩主の島津斉彬《なりあきら》によって見出されたのに対し、大久保は斉彬の死後に藩の実権を握った弟・久光《ひさみつ》の囲碁の相手をするなどして顔を売り、側近に取り立てられた。

大久保の主な役割は、京都の公家に対する工作である。久光が無位無官だったのにもかかわらず幕府の「文久の改革」を主導できたのは、大久保が近衛《このえ》家や大原重徳《おおはらしげとみ》、岩倉具視らに働きかけていたからだ。

ところが薩摩藩は、第一次長州征伐が終わったあたりから幕府に見切りをつけ、長州藩との連携を模索し始める。1866（慶応2）年3月のいわゆる「薩長同盟」は、結ばれた時点では藩同士の条約ではなく、薩摩藩の小松帯刀《こまつたてわき》と長州藩の木戸貫治《かんじ》（桂小五郎、のちの木戸孝允）の間で結ばれた私的な協約に過ぎない。

これを藩同士の軍事同盟に発展させたのが大久保だ。幕府と事を荒立てたくない久光に対しては事後承諾で薩長盟約を認めさせ、翌年には長州藩主の毛利敬親《たかちか》と謁見し、両藩の間で出兵盟約が結ばれる。

とはいえ、藩内にはいまだ武力の行使に反発する重臣も多く、大久保は「討幕の密勅」の下賜《げし》を岩倉に働きかける。これは江戸幕府十五代将軍・徳川慶喜の大政奉還により一度は頓挫したが、大久保は王政復古のクーデターを敢行し、新体制からの徳川家の排除に成功するのである。

日本の将来を見据えた「三十年計画」

1869(明治2)年10月、大久保は王政復古の功績により、従三位の官位と1800石を賜《たまわ》ることとなった。だが大久保は、私心によるものではないとして辞退する。結局は禄の半分を賜るのだが、大久保の生真面目な性格をうかがわせる逸話である。

誕生間もない明治政府は、明治天皇を頂点とする中央集権体制の確立を急いでいた。幕藩体制において、人民と金は藩の所有物である。これを天皇に返上するため、大久保と木戸孝允は、まず政府関係者の多い薩摩、長州、土佐、肥前を対象に版籍奉還を断行し、他藩もこれに倣《なら》った。

続く廃藩置県は藩そのものを廃止する政策であり、薩摩を中心に士族の強い反発が予想された。そこで大久保は、薩長土の3藩の士族を中心に御親兵を組織する。いわば政府が民衆に対してクーデターを起こすことで、藩の廃止という難題を乗り切った。

この御親兵の創設にあたり大久保が担ぎ出したのが、戊辰戦争後に政府の職を辞していた西郷だ。やはり西郷の人望は絶大であった。しかし2人は征韓論をめぐって対立し、西郷は西南戦争で自決する。

大久保は明治政府内において、大蔵省、内務省、宮内省などのトップを歴任している。設置当初の大蔵省は軍事、外務、内務、法務以外のすべての職務を掌管しており、のちに内務省が設置されるが、それでも大久保は政務の大半を取り仕切る立場にあった。

これを政治の私物化とみる向きもあり、板垣退助らが「民撰議院設立建白書」を提出した1874（明治7）年以降、大久保を「有司専制」と糾弾する声が高まっていく。しかし大久保は、独裁者の誹《そし》りを受けても政治を前に進める必要があると考えていた。

『済世遺言《さいせいいごん》』には、福島県令の山吉盛典《やまよしもりすけ》と明治政府の将来について話した内容が記録されている。それによれば大久保は、明治元年からの10年を創業、その後の10年を殖産興業に費やすとし、さらにその後の10年で後身に継承すると考えていた。日本を発展させるためのビジョンが、大久保にははっきりと見えていたのである。

大久保が暗殺されたのは、山吉との会見を終えた直後であった。刺殺された大久保の懐には、西郷から送られた2通の手紙があり、「日本の王政復古が諸外国に誤解されないよう説明してほしい」「（洋装の）醜態をさらす写真撮影はやめなさい」という内容であった。

死後、遺族が資産を整理したところ、大久保家の現金は数百円程度しかなく、逆に8000円（現在の貨幣価値で2億4000万円）もの借金が発覚した。自分名義で借りた金の使途は、国の予算だけでは賄いきれない公共事業であったという。

坂本龍馬は「維新回天」の立役者ではなかった!?

〈生年〉1836(天保6)年
〈没年〉1867(慶応3)年

幕末の風雲児とも称される坂本龍馬。その生涯はこれまでに幾度となくドラマ化され、日本史上の人物で最も高い人気を誇っている。しかし知名度とは裏腹に、これまで龍馬に関する学術的な研究はほとんど行なわれてこなかったという。龍馬の功績を見直す動きが始まったのは最近のことであり、その結果、薩長同盟の締結や徳川慶喜の大政奉還における龍馬の貢献度は、必ずしも高くないことが判明している。

まずは当時の状況を簡単に説明しておこう。1862(文久2)年に龍馬は土佐藩を脱藩し、勝海舟が創設した神戸海軍操練所の関連施設である海軍塾の塾頭を務めていた。ところが操練所は1865(慶応元)年に閉鎖され、行き場をなくした龍馬は薩摩藩の庇護を受けることとなる。

当時の政局としては、禁裏御守衛総督《きんりごしゅえいそうとく》の一橋慶喜、徳川一門の会津藩と桑名藩主導の「一会桑《いちかいそう》政権」に対抗すべく、雄藩連合が模索されていた時期にあたる。幕府による第一次長州征伐の最中、征長軍に加わっていた薩摩藩は長州藩に対するスタンスを強硬路線から融和路線に転換した。長州藩が処罰を受けた後は、薩摩藩が幕府の標的になるという危機感があったからだ。長州藩をつぶされては困る薩摩藩と、再度の幕府軍の攻撃に備えて軍備を充実させたい長州藩。このふたつを結びつけたのが龍馬とされている。

通説では、長州藩の桂小五郎に薩摩藩名義で軍艦や武器を購入することを提案したのは龍馬ということになっている。だが、後年の木戸孝允（改名後の桂小五郎）の回顧に寄れば、最初に話をもちかけたのは木戸自身であるという。

名義貸しの確約を取りつけるために奔走したのも龍馬ではなく、長州藩の伊藤博文と井上馨《かおる》である。龍馬は桂からの依頼を引き受けたものの、一向に成果を上げずにいた。状況を進捗させたのは、長崎で行なわれた伊藤・井上と薩摩藩家老・小松帯刀の会見であり、軍艦の購入後、桂に宛てた両名の報告書に龍馬の名前は記されていない。

こうして距離を近づけた薩長両藩は、本格的な盟約の樹立に向けて動き出す。いわゆる「薩長同盟」を周旋したのが龍馬であることは間違いないが、両藩を結びつけるという発想そのものは龍馬のオリジナルではない。

薩長同盟の草案を最初に起草したのは福岡藩士の月形洗蔵《つきがたせんぞう》とされている。月形が薩長の連合に向けた運動を始めるのは１８６４（元治元）年ごろであり、薩長同盟成立の2年前だ。この運動には、長州藩に身を寄せていた土佐脱藩浪士の中岡慎太郎も加わっている。

月形らは当時征長軍の参謀であった西郷隆盛とも面会し、西郷から長州藩急進派の説得を依頼された。一説に西郷は高杉晋作と2度にわたって会見したとされているが、もし事実であれば、薩長同盟の先駆けとも呼べる出来事であろう。いずれにせよ、すでに月形や中岡らが同盟樹立に向けた活動を始めており、龍馬は追随したに過ぎないのである。

「船中八策」は後世の創作

その後の薩長同盟成立に関しても、龍馬の活躍は過度に誇張されている感が否めない。この同盟は1866（慶応2）年3月7日、小松帯刀と木戸寛治（桂小五郎）が6箇条の条文に合意したことで成立した。会談には龍馬も同席しており、後日、合意内容が明記された書面の裏に署名をしている。ただし、6箇条の内容自体は3日前の小松・木戸会談で大方決まっており、そこに龍馬は関与していない。

証人として裏書きしたことから、龍馬がさも重要な立場にあったとみる向きもあるが、やはりこれも過大評価であろう。長州藩が薩摩藩に求めていたものは有事の出兵を含む軍事協力であり、盟約成立後に反故にされてはたまらない。木戸からすれば「薩摩藩士」の証人が欲しく、薩摩藩士同然の立場であった龍馬に署名を頼んだのである。

結ばれた盟約のもと、薩摩藩は長州藩への支援を拡大し、長州藩は第二次長州征伐という危機を乗り越えた。その後、両藩は武力行使を前提にした討幕運動を展開していく。

一方で龍馬の故郷である土佐藩は、薩長とは一線を画す路線を取った。徳川慶喜に自主的に政権を返上させる「大政奉還」である。龍馬は大政奉還を含む新国家の指針8箇条を土佐藩家老の後藤象二郎に提示し、前藩主の山内容堂が慶喜に上申した。

この8箇条は、夕顔丸の船上で龍馬の口述を海援隊隊士の長岡謙吉《けんきち》が書き留めたことから「船中八策」と呼ばれている。しかし原本も写本も現存しておらず、存在をうかがわせる証言もない。つまり、龍馬と大政奉還を結びつける一次史料はどこにもないのである。

ただ、この船中八策を龍馬自身がまとめ直したものとされる「新政府綱領八策」に関しては、龍馬自筆の実物が現存している。とはいえ、書かれている内容と同様のことは、龍馬とも親交のあった福井藩の横井小楠《しょうなん》が1864年の時点で「国是七条」として提唱しており、当時の識者にとっては取り立ててめずらしい内容ではなかった。

存在が不確実な船中八策は、明治に入ってから龍馬の親族がその功績を書き記す中で創作されたとみられている。じつは龍馬は明治初頭まで一般的には無名に近い存在であり、明治時代前期にジャーナリストの坂崎紫瀾《さかざきしらん》が龍馬の伝記である『汗血千里の駒《かんけつせんりのこま》』を著したことで、その存在が広く知られるようになった。こうした「龍馬ブーム」は明治時代後期や戦前戦後にも起こっており、その度に新たな逸話や解釈が加えられていったのだろう。

すでに時代遅れだった？
侍を目指した新選組

〈結成〉1863（文久）3年

従来の歴史ファンは主に男性が中心であったが、2000年代以降は女性ファンも急増している。いわゆる「歴女」ブームのけん引役となったのは、戦国時代なら真田幸村や伊達政宗であり、幕末なら新選組だろう。近年では新選組を題材にした舞台なども上演され、イケメン俳優たちが隊士を熱演している。

では、隊士の実際のルックスはどうだったのであろうか。「鬼の副長」こと土方歳三は、洋装で椅子に腰を掛けた有名な写真が残っている。鬼の異名とは真逆の優男であり、間違いなく美男子といえるだろう。

一方で、イケメン剣士の代表格である沖田総司は写真が現存しておらず、肖像画しか残されていない。それを見た限りではしもぶくれの面相であり、お世辞にもイケメンとはい い難い。ちなみにこの肖像画は、沖田の実姉・みつの顔を参考に描かれたという。今日の過度に美化されたイメージは、司馬遼太郎の『燃えよ剣』や『新選組血風録』でつくられたものであろう。

新選組については、隊士の剣の腕前も議論になることが多い。最強候補の一番手に挙げられるのは、やはり沖田だ。局長の近藤勇《いさみ》が主宰する試衛館道場時代から沖田を知る永倉新八は、「土方歳三や藤堂平助でさえも沖田にかかれば子ども同然であった」と述懐しているが、永倉もまた最強候補の1人であり、隊士の阿部十郎は「一に永倉、二に沖田、三に斎藤（一《はじめ》）」と語っている。新選組内で率いた部隊の名称が、そのまま組長の強さに比例するとの見方もあり、一番隊組長の沖田、二番隊組長の永倉が、新選組の双璧であった可能性は高い。しかし、1864（元治元）年の「池田屋事件」からは別の結論も見えてくる。

20数名の尊攘派志士がいた池田屋に乗り込んだ新選組隊士は、近藤、沖田、永倉、藤堂ら10名であり、残りの隊士は池田屋を取り囲んでいた。

密談が行なわれている部屋に踏み込んだのは近藤と沖田。たちまち大乱闘となるのだが、近藤は隊士の中で最も多い7～10名を殺害し、しかも自身はまったくの無傷であったという（永倉は負傷している）。実戦向きの剣術として鳴らしていた天然理心流の4代目宗家の肩書きは、やはり伊達ではない。

池田屋事件では生き残った志士もことごとく捕縛され、彼らが計画していた御所の焼き討ちと天皇の拉致は未遂に終わった。京都の治安を守る警察組織としての新選組は、ある程度機能していたとみることができる。だが、それも大政奉還までであり、戊辰戦争の勃発後は時代に取り残された遺物と化していく。

　鳥羽・伏見の戦いで旧幕府軍が敗れると、近藤や土方は江戸へ帰還した。新選組は「甲《こう》陽鎮撫隊《ようちんぶたい》」と名を改め、旧幕府の軍事総裁であった勝海舟の指示により、甲斐（現在の山梨県）の甲府城を抑える任務が与えられる。

　甲斐は旧幕府の直轄地であり、難なく入城できるはずであったが、江戸から甲府への道中にあるのは、近藤、土方らの生まれ故郷である多摩府中。低い身分から将軍に謁見できる立場にまで出世した英雄を、地元の人々は放っておかなかった。近藤たちは府中で一泊、続く八王子でも一泊。酒宴に興じる中で、甲府城は官軍に奪われてしまう。

　そもそも勝は、新選組を戦力と考えてはいなかった。旧幕府が京都を退去したのちに政争の舞台となるのは江戸であり、主戦論者の近藤ら新選組が江戸にいては、江戸開城に向けた交渉がまとまらないと勝は考えた。いわば新選組は厄介払いされたのだ。

　近藤は農家の出身で、土方も元は薬売りだ。彼らが新選組の前身である浪士組に参加したのは武士になるためであり、「士道ニ背キ間敷事」から始まる局中法度も武士らしくあろうとしたために生まれた。その武士を束ねる徳川家からも疎まれた新選組は、刀の時代の終末に咲いたあだ花であった。

PART3

世間のイメージとは、別の一面を持つ人物

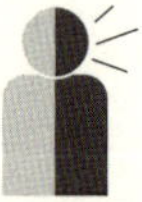

『源氏物語』の作者・紫式部はじつは内向的な性格だった!?

〈生年〉970～980年
〈没年〉1010～1020年

世界最古の長編小説といわれるのが、平安時代に書かれた『源氏物語』である。イケメンの光源氏《ひかるげんじ》とその息子・薫大将《かおるたいしょう》の恋愛事情を絡めた華麗なる人生を描いた物語だ。作者は紫式部。藤原為時《ためとき》の娘で、藤原宣孝《のぶたか》に嫁いだが死別したのち、藤原道長の娘で、一条天皇の中宮《ちゅうぐう》である彰子《しょうし》に仕えた。

紫式部は、当時の女性にはめずらしく漢文に明るかった。性格は内向的であり、宮中では浮き気味であったという。現代でいうところの文学少女だったのだろう。

平安時代を代表するもう1人の女流作家といえば、自然や宮中の出来事をつづった随筆『枕草子』の著者である清少納言だろう。清少納言は清原元輔《きよはらのもとすけ》の娘で、橘則光《たちばなののりみつ》、続いて藤原棟世《むねよ》と結婚。一条天皇の皇后である定子《ていし》に仕えた。やはり和漢に通じた才女であった。清少納言は博学で、性格は明るく社交的であったという。『枕草子』には定子の話が多く載っているが、不遇な話はまったく取り上げていないのが特徴でもある。

2人が仕えた女性がどちらも一条天皇の后ということもあり、何かとライバル関係にあったかのように見られている。だがじつは、2人は同時に宮中にいたことはない。定子が入内《じゅだい》したのは990（正暦元《しょうりゃく》）年で、1000（長保《ちょうほう》2）年に亡くなった。清少納言は993（正暦4）年から定子が亡くなるまで、女官を務めていたという。一方の彰子が1000（長保2）年に入内し中宮になったため、定子は皇后になった。一時であるが、定子と彰子はともに一条天皇の后であったのだ。

そして紫式部が彰子に仕えたのが、1006（寛弘《かんこう》3）年から1012（寛弘9）年ころだという。つまり、2人が宮中にいた時期は重なっていないのである。

それでは、紫式部と清少納言は、お互いをどう思っていたのだろうか？ 清少納言が残した著作には、紫式部について書かれているものはない。他方、紫式部はというと、みずからが記した『紫式部日記』で清少納言に言及している。そこには、「清少納言は得意げで偉そうだ。賢いふりをして漢字を書きまくっているけれども、間違いが多い」と批評している。

2人はライバル関係ではなかったものの、紫式部は清少納言に対抗意識を持っていたようである。

すべては愛する夫のため？ 幕府を守り抜いた北条政子

〈生年〉 1157（保元2）年
〈没年〉 1225（嘉禄元）年

鎌倉幕府の初代将軍・源頼朝の妻にして、二代将軍・頼家、三代将軍・実朝《さねとも》の実母である北条政子は、伊豆《いず》（現在の静岡県南部）の小豪族に過ぎなかった北条氏の権力を盤石とした功労者といえよう。

その目的のために、北条家に盾突いて幕政を乱す頼家を伊豆の修善寺《しゅぜんじ》に幽閉し、実朝を将軍に就け、さらには実弟の義時《よしとき》と手を組み、父の時政を追放する非情さを見せる。実朝が暗殺されたのちは、京都からわずか2歳の藤原頼経《よりつね》を迎え入れて新将軍として、その補佐役として将軍に成りかわって政治を主導した。

1221（承久3）年に後鳥羽上皇が幕府に対して決起した承久の乱では、政子は御家人に「今こそ頼朝公の御恩に報いるとき」と叱咤激励《しったげきれい》し、幕府に勝利をもたらした。これ以降、政治は貴族から武士の手に移り、明治維新まで綿々と続くこととなる。

まさに政子は、鎌倉幕府のゴッドマザーというべき存在だった。その絶大な権力から「尼将軍《あましょうぐん》」とも呼ばれ、恐れられていたのである。

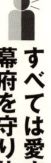

しかし、政子は非情だったわけではない。むしろ情が深かった。そのことは政子と頼朝が、当時としてはとてもめずらしい恋愛結婚だったことからうかがえる。1159（平治元）年、平氏に対する源氏のクーデターは、1度は鎮圧される。13歳で参戦していた頼朝は伊豆へと流され、時政は監視役となる。このとき政子は頼朝と出会い、恋に落ちたという。

だが、源氏の嫡流とはいえ流人《るにん》である頼朝との婚姻に時政は反対し、別の人物との縁談を進めた。縁談を嫌った政子が深夜、しかも豪雨の中を頼朝のもとに逃げたと、軍記物語『源平盛衰記』には記述されているが、信憑性は定かではない。何はともあれ、愛を貫いた政子は、1177（治承《じしょう》元）年、20歳の政子は10歳年上の頼朝と結婚した。翌年には長女の大姫が生まれた。

その後の、政子は頼朝の女癖の悪さに悩まされる。政子が頼家を妊娠しているとき、頼朝は亀の前《かめのまえ》という女性と浮気したという。嫉妬した政子は、亀の前が住んでいた伏見広綱《ふしみひろつな》の屋敷を破壊するも怒りは収まらず、広綱を島流しにしてしまった。それでも頼朝の浮気の虫は収まらず、政子から隠れるようにして浮気を続けたという。

実父と実子よりも幕府の安定を優先したのは、ひとえに幕府が、愛する頼朝によって生み出された政権であったからかもしれない。

恐れられるほどの人格でも足利義教は有能な政治家だった!?

〈生年〉1394（応永元）年
〈没年〉1441（嘉吉元）年

室町幕府六代将軍の足利義教《よしのり》を一言でたとえると、「将軍になった織田信長」かもしれない。伝わる所業や最期は似ている点もある。

義教は三代将軍・義満の子として生まれた。四代将軍には同母兄の義持《よしもち》が就いたため、義教は9歳で僧侶となり義円《ぎえん》と名乗る。やがて比叡山延暦寺の貫主である天台座主に任ぜられた。大僧正《だいそうじょう》の位も贈られ、僧籍として最高位にのぼりつめる。

そんな中、義持の息子である五代将軍の義量《よしかず》が19歳で病死する。義持が再び政権を担うも、守護大名の力が強まっていたことで統制が取れなくなる。義持はやる気を失い、ついには体を壊してしまうが、後継者を指名しないままであった。

そこで幕府の重臣らは石清水《いわしみず》八幡宮でくじ引きを行ない、義持の4人の弟から新将軍を選ぶことにした。義持の死後、こうして選ばれたのが、歴史上、「くじ引き将軍」とも呼ばれる義教である。ただし、義教は義持の同母弟で、4人の中で最年長だったことから、じつはくじ引きは出来レースだったとの説もある。

1429(正長《しょうちょう》2)年、還俗《げんぞく》した義教は六代将軍に就任した。ここからが恐怖政治の始まりである。比叡山の焼き討ちを行ない、敵対する鎌倉公方《くぼう》の足利持氏《もちうじ》を倒すと、その幼子らの暗殺、反抗する一色《いっしき》氏や土岐《とき》氏といった大名に刺客を送り込み暗殺している。

また、義教は日常的に暴君ぶりを発揮した。酌《しゃく》の仕方が下手だから殴る、儀式の最中に笑ったから領地を没収するなど、ささいな理由からだ。後花園《ごはなぞの》天皇の父・伏見宮貞成《ふしみのみやさだふさ》親王が記した『看聞《かんもん》日記』では義教について「万人恐怖、言うなかれ、言うなかれ」とあり、恐れられていたことがわかる。

こうしてみると暴君としての面ばかりが目立つが、義教の政治の根底には、将軍を頂点とした幕府の権力を取り戻すという強い信念があった。

たとえば、守護大名の力を抑えるため、将軍直属の軍事組織「奉公衆」を設置し、兵を派遣して九州の平定に成功している。抵抗勢力を排除し、権力基盤を整えることで室町幕府における最大領土を築いたのである。さらに、義持が中止していた勘合貿易を復活させるなど、財政政策を見直したほか、天皇家の継承問題に介入して解決に導いている。

とはいえ、恐怖政治のツケを支払うときが、やがておとずれる。1441(嘉吉《かきつ》元)年、領地の没収を恐れた赤松満祐《あかまつみつすけ》が、自宅に義教を招いて暗殺したのだ。信長と同様、配下に殺されたのである。

大名としては滅んだが家名は存続させた山名豊国

〈生年〉1548（天文17）年
〈没年〉1626（寛永3）年

「亡国の君主」といえば、多くの人は暗君や暴君をイメージするのではないだろうか。山名豊国《とよくに》は大名としての山名氏が滅亡したときの当主だが、そのどちらにも当てはまらない。むしろ卓越した大局観を持った優秀な君主といえる。

山名氏は新田氏の庶流であり、鎌倉幕府を倒した新田義貞《にったよしさだ》と同族である。室町幕府内では侍所《さむらいどころ》（京都の治安維持などを務める部署）の長官を務める有力者であり、14世紀中ごろの当主である山名時氏《ときうじ》とその息子たちは、丹後（現在の京都府北部）・伯耆《ほうき》（現在の鳥取県西部）など畿内・中国地方を中心に11カ国の守護を務めていた。当時の日本は66カ国に国分けされており、山名氏は「六分一殿《ろくぶんのいちどの》」と呼ばれた。

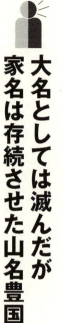

その後は一族間の内紛などで衰退し、戦国時代後期の領国は但馬《たじま》（現在の兵庫県北部）と因幡《いなば》（現在の鳥取県東部）の2カ国に留まっていた。当時の宗家は但馬山名家であり、豊国は当主・祐豊《すけとよ》の甥にあたる。

豊国の兄・豊数《とよかず》は因幡山名家を継いでいたが、重臣・武田高信《たかのぶ》の謀反により、居城の天《てん》神山城《じんやま》から追われてしまう。同じように因幡を追われた豊国は、山中鹿介《しかのすけ》ら尼子家の遺臣と結託して高信を倒し、因幡山名家の家督を継ぐ。しかし、その後は因幡に攻めてきた吉《きっ》川元春《かわもとはる》に屈し、毛利家に服従した。

1580（天正8）年、中国地方の制圧をねらう羽柴秀吉が因幡に侵攻すると、豊国は鳥取城に籠城した。秀吉の兵糧攻めをしのいだ豊国であったが、娘が人質に取られていたこともあり、家臣の反対を押し切って単身、秀吉に投降した。

翌年の2度目の鳥取城攻めでは、豊国は羽柴方の武将として加わっている。毛利家から遣わされた新城主の吉川経家《つねいえ》は兵糧攻めに耐えきれず、城を明け渡して自刃した。

豊国の降伏により、因幡大名としての山名氏は滅んだが、豊国自身は尼子、毛利、織田と巧みに鞍替えし、家名そのものは存続させている。節操がないともいえるが、勝ち馬を見極める眼力には確かなものがあった。秀吉は豊国を家臣に加えようとしたが、豊国は辞退して浪人となる。もはや大名の地位に未練はなかったのであろう。

豊国は諸国を放浪したのち、関ヶ原の戦いに東軍の武将として参加した。山名氏と同じ新田氏の後裔を自称していた徳川家康は、豊国に但馬七美《しつみ》郡の6700石を与え、大名待遇の旗本とした。山名家は1868（慶応4）年に山岡藩の藩主となり、明治時代は男爵に叙せられた。豊国が大名の地位に固執していたら、なかったかもしれない栄達である。

金さえ払えば略奪はしない瀬戸内海を支配した村上水軍

〈登場〉室町時代
〈衰退〉安土桃山時代

映画『パイレーツ・オブ・カリビアン』や漫画『ワンピース』のヒットにより、大海を股《また》にかけて戦闘と略奪、宴《うたげ》に明け暮れる海の荒くれ者「海賊」のイメージが浸透した。日本の歴史にも、海賊と呼ばれる組織は存在する。室町時代に中国、朝鮮沿岸を襲った「倭《わ》寇《こう》」や、戦国時代の瀬戸内海を支配した「村上水軍」である。略奪をくり返していた倭寇は海賊といえよう。では、村上水軍は一般にイメージされる海賊だったのだろうか。

瀬戸内海での海賊の歴史は古い。古代から瀬戸内海は、九州と畿内を結ぶ、波が穏やかな内海の物流航路として発展してきた。瀬戸内海の海賊も、航路の開拓と同時に生まれたと考えられる。939（天慶《てんぎょう》2）年、平将門《たいらのまさかど》と呼応するように、海賊をまとめあげて反乱を起こした藤原純友《すみとも》も、本拠地は伊予（現在の愛媛県）の宇和島の西に浮かぶ日振島《ひぶりじま》だ。純友は朝廷に討伐されたが、瀬戸内海の海賊がおとなしくなることはなかった。

瀬戸内海は、大小の多くの島が点在している。島々の間は狭く、その間を流れの速い水路が縦横に走っている。島にぶつかった潮流は、複雑な流れを生み出す。鳴門《なると》の渦潮《うずしお》もそうした潮流の産物である。そんな瀬戸内海の複雑な潮目を熟知していたのが、海賊だった。瀬戸内海の海賊は海上輸送の専門家であり、製塩や漁業関係者であった。そして海の知識を使って水先案内や警護を行なう代わりに、瀬戸内海を通行する船から通行税を徴収し、一方で払わない船からは船荷を奪った。

南北朝時代には、村上水軍が瀬戸内海の制海権を握り、通行税として荷物の1割を徴収していた。村上水軍は、伊予の能島《のしま》、来島《くるしま》、備後《びんご》（現在の広島県東部）の因島《いんのしま》を拠点とする3つの村上家が存在し、このうち主筋は能島村上家だ。

戦国時代には、来島村上家は湯築《ゆづき》城主の河野《こうの》家と、因島村上家は安芸《あき》（現在の広島県西部）の毛利家と臣従関係を結ぶ。能島村上家は中立に近かったが、河野家と友好関係にあった。やがて村上武吉《たけよし》が能島村上家の当主となると、村上水軍は最盛期を迎える。毛利元就《もとなり》に与《くみ》して陶晴賢《すえはるかた》を討った1555（弘治元）年の厳島《いつくしま》の戦いや、一向一揆に加勢して織田信長の水軍を破った1576（天正4）年の第一次木津川口《きづがわぐち》の戦いで活躍する。

ところが、豊臣秀吉が天下を取ると、1588（天正16）年に「海賊廃止令」が発布され、村上水軍は通行税を徴収できなくなり、武吉は瀬戸内海からの追放処分を受ける。秀吉の海賊禁止政策は徳川家康に受け継がれ、村上水軍は衰退していった。瀬戸内海を支配した村上水軍は、実質的には海上の戦国大名だったといえよう。

織田信長を追いつめるほどの外交能力を有した足利義昭

〈生年〉1537（天文6）年
〈没年〉1597（慶長2）年

1573（元亀《げんき》4）年、室町幕府十五代将軍の足利義昭《よしあき》は、かつてみずからを将軍に就けた織田信長に京都を追われた。これで実質的に室町幕府は滅亡する。京都を去る際、義昭は民衆から「貧乏将軍」と嘲《あざけ》られ、農民に金品を奪われる始末だった。これだけ見ると、義昭は信長によって将軍という梯子《はしご》を外された無能な人物に思えるだろう。しかし、本当に無能であったのなら将軍になれただろうか。

義昭は1537（天文《てんぶん》6）年、十二代将軍・義晴《よしはる》の次男として京都に生まれた。5歳のとき興福寺一条院に入って僧侶となり、1562（永禄5）年に一乗院のトップとなる。

このまま優秀な僧侶として一生を終えるかに思われたが、兄で十三代将軍の義輝《よしてる》が松永《まつなが》久秀《ひさひで》ら三好勢に暗殺される事件が発生する。義昭は寺に幽閉されたところを、足利家に仕える細川幽斎《ゆうさい》の手引きで脱出。越前（現在の福井県東部）の朝倉義景《よしかげ》のもとに身を寄せた。

将軍職を切望した義昭は、幽斎を通じて明智光秀と、その光秀を通じて美濃《みの》（現在の岐阜県南部）を領有した信長と出会う。当時、幕府の権力は地に落ちていたものの、権威は存在した。戦国大名が上洛を目指したのも、京都には幕府や朝廷があり、領地の安堵や官位の授受を求めたためだ。また、自分の息のかかった者を将軍とし、畿内と幕府を支配することも目的である。義昭が頼った信長は後者だった。

1568（永禄11）年、義昭は信長とともに入京する。三好三人衆は逃亡し、十四代将軍の座に就いていた義栄《よしひで》も急死した。念願かなって将軍となった義昭は信長の傀儡《かいらい》にならなかったばかりか、将軍の権威を取りもどそうと、諸大名との関係強化に乗り出す。これがいわゆる「信長包囲網」の端緒となる。危機感を抱いた信長は義昭を強く批判し、両者の対立は激化する。敵対勢力に囲まれた信長は譲歩する態度を取るも、義昭は拒絶して挙兵に至る。信長に敵対する勢力をまとめあげたのは、幕府の権威があったとはいえ、義昭の外交能力が優れていた証左であろう。

だが、各勢力の足並みはそろわず、武田信玄の死などをきっかけに包囲網は瓦解《がかい》。義昭は信長によって京都を追われ、毛利家を頼って鞆《とも》（広島県福山市）を拠点として信長打倒の機会をうかがう。正式に将軍職を辞していなかったので、「鞆幕府」とも呼ばれる。

本能寺の変の後、義昭は豊臣秀吉に接近。1587（天正15）年に京都へ戻り、翌年に将軍職を辞する。このときをもって幕府の終焉とする説もある。それからは再び僧侶となり、秀吉の話し相手をする御伽衆《おとぎ》となり穏やかに暮らしたという。

領国を失った今川氏真は内政に熱心で文武両道だった!?

〈生年〉1538（天文7）年
〈没年〉1615（慶長19）年

2万5000対3000余り――これだけの兵力差がありながら今川義元は敗れ、天下取りを始める織田信長の引き立て役となってしまった。

1560（永禄3）年、尾張（現在の愛知県西部）に進軍した今川軍は織田軍の攻撃を受けて義元は敗死する。しかも、移動時に義元が輿《こし》に乗っていたことや、公家のようにお歯黒をつけていたことで、馬に乗れない京かぶれの軟弱な大名というイメージが義元についてしまった。しかし、義元は駿河《するが》と遠江《とおとうみ》（現在の静岡県中部と西部）、三河（現在の愛知県東部）の3カ国を支配した「海道一の弓取り」、すなわち東海道一の武将と称えられていた。輿に乗っていたのは、今川家が足利家の一門であり、将軍家から塗輿《ぬりごし》に乗ってよいという許可を与えられていたからである。お歯黒にしても、当時身分ある武士はお歯黒をつけていたという。つまり、格の違いを内外に示していたのである。

義元の跡は嫡子の氏真《うじざね》が継いだが、松平元康《まつだいらもとやす》（のちの徳川家康）などの離反者が続出して西三河を失う。しかも叔父にあたる武田信玄が北条家・今川家との「甲相駿《こうそうすん》三国同盟」

を破棄するなど、氏真を取り巻く外交状況は深刻さを増していった。

その一方で、氏真は信長より早く楽市を導入したり、苦しむ領民に対して徳政令を出したりと、内政に勤しんでいたことがわかっている。

1568（永禄11）年、東西からそれぞれ攻めてきた家康と信玄にあらがえず、氏真は掛川城へ逃げ込むと、徳川軍相手に半年あまりにわたって抵抗した。力攻めをあきらめた家康は、氏真と和睦を結ぶ。その結果、氏真は領国を失い、妻の実家である北条家で預かりの身となる。こうして、戦国大名としての今川家は終焉を迎えた。

その後の氏真は各地を放浪し、1575（天正3）年、京都で父の仇《かたき》である信長と面会する。信長が氏真の蹴鞠《けまり》を見たがったためである。ただし、氏真は蹴鞠に秀でているだけでなく、剣聖・塚原卜伝《ぼくでん》に剣術を学び、免許皆伝の腕前だったという。和歌にも長けており、後水尾《ごみずのお》天皇選の集外三十六歌仙に選ばれている。つまり、文武両道だったのだ。

1612（慶長17）年、郷里の駿府で家康と会談した氏真は江戸の品川に屋敷を与えられて移住し、その2年後に亡くなった。

今川家は氏真の孫にあたる今川直房《なおふさ》が高家旗本として跡を継ぎ、氏真の次男・高久《たかひさ》も高家旗本品川《しながわ》家の始祖である品川高久となった。滅亡した武田家や北条家と違って、今川家は旗本として明治維新まで存続したのである。

武田家の滅亡を招いた武田勝頼が最大版図を築いた？

〈生年〉1546（天文15）年
〈没年〉1582（天正10）年

家の存続は重要であり、家名を断絶させた大名への評価はきびしくなる。ましてや、それが戦国時代最強とも謳《うた》われた武田家であるならば、なおさらだ。

「甲斐の虎」と呼ばれた武田信玄は、1573（元亀4）年に西上作戦の途中で病死する。跡を継いだのは四男の勝頼《かつより》であった。2年後の1575（天正3）年、織田・徳川連合軍に長篠の戦いで大敗して多くの重臣を失い、1582（天正10）年、勝頼は織田信長の甲州征伐を受けて追い込まれ、最期は天目山《てんもく》で自害する。これにより、名門・甲斐武田家は滅亡したため、勝頼は愚将に位置づけられている。

しかし、勝頼を単に愚かと決めつけるのは早急であろう。もともと勝頼は、武田家総領になるべく育てられたわけではなかった。勝頼の母親である諏訪御料人《すわごりょうにん》は信玄が滅ぼした諏訪家の血筋であり、諏訪を支配するために信玄が側室とした。そのため勝頼も、当主となる以前は諏訪勝頼と名乗り、高遠城《たかとお》で信濃・諏訪地方を支配していた。武田の臣下の1人として、諏訪という一地方を任せられていたのだ。勝頼という名前には、武田一族に与えられる「信」の字が入っていないことからも、武田家の一員とみなされていなかったことがわかる。

信玄にはほかに男子がいたが、嫡男の義信は謀反を企《くわだ》てた疑いにより廃嫡されたのちに死去、次男の海野《うんの》信親《のぶちか》は海野家を継ぐも盲目のために出家しており、三男の武田信之《のぶゆき》は11歳で夭折《ようせつ》していたため、武田家当主となる教育を受けなかった勝頼が武田家の家督を継ぐことになった。加えて、長男から三男までが正室である三条の方の実子であるが、勝頼はかつての敵方の血を引く側室の子であり、甲斐の武田家臣団の忠誠心は薄かった。

それでも当主となった勝頼は領国に手を伸ばす徳川家康に反撃すべく、その支配下にあった高天神《たかてんじん》城を攻撃。この城はかつて信玄でも落せなかった堅城であったが、勝頼は攻略する。このときに得た自信が、長篠の戦いでの敗因のひとつだったかもしれない。

そして、じつは長篠の戦い後、勝頼は体制を立て直し、武田家の版図を最大としている。このことからも、勝頼がただの愚将とはいえないだろう。

皮肉にも武田家の凋落《ちょうらく》のきっかけは高天神城だった。1581（天正9）年、徳川軍が高天神城に攻め寄せるも、勝頼は敵対関係にあった北条家への牽制や、徳川と同盟にあった信長の和睦するかのような思わせぶりな態度から援軍を派遣しなかった。そうして高天神城は落城。城兵を見捨てた勝頼の求心力は急低下し、落城から1年後に武田家は滅亡する。

逸話で植えつけられた？北条氏政の負のイメージ

〈生年〉1538（天文7）年
〈没年〉1590（天正18）年

北条早雲《そううん》を祖とする後北条家の二代・北条氏綱《うじつな》は相模の小田原城を本拠地として、勢力を拡大。三代の氏康《うじやす》は1万対8万の劣勢で扇谷《おうぎがやつ》上杉、山内上杉および古河《こが》公方の連合軍を打ち破り（河越夜戦）、関東南西部の支配を強化する。一般的に氏康までが優秀で、四代の氏政《うじまさ》は凡将とみなされている。それは次のふたつの逸話の影響が大きい。

ひとつは、氏政がご飯に味噌汁をかけたが量が少ないため再度かける。それを見ていた氏康が「毎日食事しているのに、味噌汁の適量がわからないとは、北条ももう終わりだな」と落胆したという。適量をわからない者が、人心をわかるわけがないというのだ。

もうひとつは、氏政が小麦の収穫を見て、「あの収穫したばかりの小麦を昼ごはんにしよう」と語ったというのだ。氏政が、小麦が食べられるようになるまで手間暇がかかることも知らない世間知らずということだ。この話を聞いて武田信玄は笑ったという。

どちらも、氏政の愚かさを取りあげた話であるが、両話とも史実ではない。氏政の汁かけ飯の話は江戸時代に書かれた戦国武将の逸話集による創作だといわれ、同様の話が毛利輝元とその祖父・毛利元就との間であったと山口県でも伝わっている。小麦の話は武田家の軍学書『甲陽軍鑑《こうようぐんかん》』に載せられた逸話である。武田家視点の書であるから、信玄を持ち上げ北条家を貶《おとし》めるのは当然であり、話が事実であるとの確証はない。

氏政の功績は何かというと、後北条家最大の領地を獲得したことであろう。現在でいう関東地方の大部分、静岡県の一部まで掌中《しょうちゅう》に収めたのだ。

1582（天正10）年、織田信長の重臣・滝川一益《たきがわかずます》が、関東管領として上野《こうずけ》（現在の群馬県）に派遣される。危機感を抱いた氏政は信長と婚姻関係を結び、織田配下の分国として関東統治を願い出るも、信長の回答はなかった。このときの氏政は、時勢をとらえていた。同年に本能寺の変が起こると、一益との神流川《かんながわ》の戦いに勝利し、上野も支配下に置く。内政面において氏政は『小田原衆所領役帳《おだわらしゅうしょりょうやくちょう》』を著して家臣を管理し、検地を実施して年貢を軽減したという。1580（天正8）年には氏政は19歳の嫡男・氏直《うじなお》に家督を譲る。

やがて豊臣秀吉が台頭すると、氏政・氏直親子に上洛を求めた（臣従を意味する）が、これを拒否。しだいに秀吉との関係が悪化し、1590（天正18）年の小田原征伐を招く。

大軍勢の前に次々と城が落ちたことから北条家は和睦を受け入れると、氏政は弟の氏照《うじてる》とともに責任を取らされて切腹し、氏直は高野山に追放される。秀吉は氏直を大名に取り立てるつもりだったが病死したため、後北条家は五代で滅びたのだった。

老人を集団暴行!?
巌流島の決闘での宮本武蔵

〈生年〉
1584（天正12）年 ※諸説あり
〈没年〉
1645（正保2）年

剣豪といえば、多くの人が真っ先に思い浮かべるのは宮本武蔵《むさし》であろう。武蔵が晩年に著した『五輪書』によると、播磨（現在の兵庫県南西部）で生まれた宮本武蔵玄信《げんしん》は、13歳で新当流の剣士・有馬喜兵衛に体当たりで勝利したのを皮切りに、29歳まで数々の他流試合を戦い抜いたという。さらに、武蔵の養子・伊織《いおり》が建てた武蔵を弔《とむら》う碑には、壮年まで60余戦無敗だったと記されている。

武蔵の知名度が高いのは、戦前の吉川英治の小説『宮本武蔵』の影響が大きい。小説に書かれた京都の名門・吉岡一門との「一乗寺下り松《いちじょうじさがり》の決闘」や、佐々木小次郎との「巌《がん》流《りゅう》島の決闘」は知られている。

とくに巌流島の決闘は、吉川英治の作品の中でも屈指の名場面といわれている。簡単に説明すると、1612（慶長17）年、関門海峡に浮かぶ船島（巌流島）で、武蔵と小次郎との決闘が行なわれた。

武蔵は、決闘にわざと遅れて小次郎を苛立《いらだ》たせる。さらに小次郎の「物干《ものほ》し竿《ざお》」と呼ばれる長い刀に対抗するため、舟の櫂《かい》を削って長い木剣とした。そして小次郎が刀の鞘《さや》を投げ捨てると、「勝つ気でいる者がなぜ鞘を捨てるのか?」と武蔵は言い、小次郎を動揺させる。勝負は、武蔵の木剣が小次郎の頭蓋を砕いて決着がついた。武器を工夫し、心理戦を駆使して、勝利をつかんだのだ。

しかし、これはフィクションの織り込まれた小説での話、本当はどうだったろうか。そもそも小次郎の詳細についてはよくわかっていない。通説では、小次郎は小太刀《こだち》の名人で中条流《ちゅうじょうりゅう》・富田勢源《とみたせいげん》の弟子であり、その稽古相手として長い刀を使っていたことから、刃渡り3尺(約91センチメートル)の物干し竿を扱うのに長けるようになったという。

だが勢源の弟子ならば、巌流島の決闘の際には少なくとも50歳を超えており、その時代の平均寿命からすれば、老人といえる年齢である。一説には70歳を超えていたともいわれている。一方の武蔵は、力のみなぎっている28歳だった。

また、立会人としてその場にいた沼田家に伝わる『沼田家記』によると、両者の勝負が決した後、脳震盪《のうしんとう》から意識を取り戻した小次郎を、武蔵の弟子たちが殴り殺したというのだ。相手が剣の達人とはいえ、本当に老人を複数の弟子に撲殺させたのなら穏やかではない。しかも、事前の約束では互いの門人を連れない1対1の戦いであったという。

評価が悪いのは政敵のせい？ 経済改革を断行した田沼意次

〈生年〉1719（享保4）年
〈没年〉1788（天明8）年

近年に研究が進み、それまでの評価が覆《くつがえ》った歴史人物は多い。その1人が、江戸幕府の老中で権力者であった田沼意次《おきつぐ》である。

一般的に意次というと、多くの賄賂《わいろ》を受け取ったことで知られているだろう。江戸時代後期の平戸藩主・松浦静山《まつらせいざん》の随筆『甲子夜話《かっしやわ》』には、意次への賄賂の話が載っている。

意次との面会のため、屋敷を訪れる者が絶えなかった。面会中は帯刀が許されず、刀を置いておくための部屋は刀でいっぱいだった。さらに30畳の部屋に通されると、そこも人であふれていたという。

だが、そもそも当時は頼みごとをする際に金銭を贈るのは普通のことであり、賄賂の授受は当たり前の行為であった。それなのに、意次が収賄政治家として悪く言われるのは、意次の失脚後に「寛政《かんせい》の改革」を指揮した松平定信ら政敵による誇張があったからと考えられている。

実際の意次は優秀な財務官僚であり、悪化していた幕府の財政を改善するための政策に着手する。たとえば、商人の独占的な同業組合である「株仲間」を推奨した。株仲間は専売などの特権を有しており、株仲間から幕府に上納する冥加金《みょうがきん》（いわゆる営業税）は、重要な収入源となる。

さらに意次は、新貨幣を鋳造する。当時は江戸で金貨、大坂で銀貨が主に使用され、しかも両替は変動相場制のため不便だったのである。そこで全国統一の貨幣として「南鐐二朱銀《なんりょうにしゅぎん》」を鋳造し、銀貨8枚で金貨1枚というレートで両替できるようにしたのだ。南鐐二朱銀の流通によって、天候で相場が大きく左右される米中心の経済から、安定した貨幣経済への転換がはかられたのである。こうした意次の経済改革で、幕府の備蓄金は徳川綱吉以降で最高となったのだ。

また意次は、水害の多かった印旛沼《いんば》を干拓して新田にしようとした。しかし、利根川の大洪水のあおりを受けて失敗。追いうちをかけるように、浅間山の噴火や飢饉などが発生し、一揆や打ちこわしが頻発する。そのうえ、息子の意知《おきとも》が江戸城内で斬殺されてしまう。

1786（天明6）年に後ろ盾であった十代将軍の徳川家治《いえはる》が危篤となると、意次は老中を辞職させられ、領地も削減されてしまった。その2年後、意次は70歳で亡くなり、定信に私財を没収される。だが「塵《ちり》ひとつでない」といわれるほどその財産はなかったという。晩年は、権勢を極めていたときとは対象的に質素だった。

経済に道徳を取り入れるも女癖はひどかった渋沢栄一

〈生年〉1840（天保11）年
〈没年〉1931（昭和6）年

令和時代の新1万円札の肖像画、そしてNHK大河ドラマの主人公と、「日本資本主義の父」と称される渋沢栄一に注目が集まっている。

栄一は1840（天保11）年に武蔵の血《ち》洗島《あらいじま》（埼玉県深谷市）の農家に生まれた。6歳のころから、従兄弟の尾高惇忠《おだかあつただ》に論語を学んでいたという。長じると、一橋家の用人・平岡円《えん》四《し》郎《ろう》の仲介により、十五代将軍の徳川慶喜に仕えるようになった。慶喜は栄一の才覚に気づき、弟の徳川昭武《あきたけ》に随行として渡欧させた。栄一は、パリ万博を見学するなど、1年あまりのヨーロッパ生活で、西欧の進んだ社会制度、文化、思想を学んだ。

1868（明治元）年に帰国した栄一は、謹慎中の慶喜に従い、静岡に移る。そこで日本最初の株式組織にして、銀行と商社の機能を併せ持つ「商法会議所」を設立。茶農家に貸付を行い、静岡茶の発展に寄与した。

その後、大隈重信の説得で明治新政府の大蔵省に入省し、税制、貨幣、銀行など国家財政の確立に尽力する。大久保利通と意見が合わず、4年で大蔵省を離れると、実業界に転身した。そこで第一国立銀行（現在のみずほ銀行）をはじめ、王子製紙や一橋大学など、500におよぶ企業の創設に関わったのである。

栄一には、企業創設に際して理念があった。それは論語の精神「忠恕《ちゅうじょ》のこころ（まごころと思いやり）」であり、企業は利益追求だけでなく、道徳を通じて、国または人類全体の繁栄に対しての責任があるという「道徳経済合一説」である。

その理念を体現するように、栄一は創業に携わった企業の株式を長期所有し、大株主として経営を支配する気はなく、優良株に成ると売却して次の事業を立ち上げる資金にしていたという。

ほかにも、社会福祉に尽力し、身寄りのない老人子どものための「東京市養育院」や児童養護施設「埼玉育児院」、知的障害児施設「滝乃川学園」を設立している。

しかしながら、栄一にも脛《すね》に傷はあった。青年時代、尊皇攘夷思想に傾倒し、高崎城を乗っ取り、横浜異人館を焼き払う計画を立てたのだ。計画は頓挫し、世の情勢を探るため京都に赴いたときに、旧知の円四郎と出会い、一橋家に仕えることになったのである。

さらに、栄一は女好きでもあった。妻のちよと、後妻の兼子の間に7人の子どもがいたが、ほかに多くの庶子がおり、その総計は20数人にもなるという。経済に関しては道徳を守れたが、どうにも女癖だけは悪かったようである。

総理大臣への華麗なる転身？ 血気盛んだった伊藤博文

〈生年〉1841（天保12）年
〈没年〉1909（明治42）年

渋沢栄一と同様、明治時代初期に活躍した人物を取り上げる。こちらは昭和時代の千円札の肖像画としてお馴染《なじ》みだった伊藤博文だ。伊藤は明治新政府の元勲《げんくん》であり、日本の初代総理大臣だ。五代、七代、十代と、計4回も総理大臣を務めている。

だが、日本史に残した業績はそれだけに留まらない。最大の業績は、大日本帝国憲法の制定であろう。日本の国情には、プロイセン（現在のドイツ）の立憲君主制の憲法が向いていると考えた伊藤は、みずからヨーロッパに赴き、ウィーン大学やベルリン大学の法学者から憲法理論を学んだ。そして国内で吟味を重ね、大日本国帝国憲法を制定。1889（明治22）年2月11日、黒田内閣のときに発布された。日本を東アジア初の立憲国家としたのである。

日清戦争の勝利後には、伊藤は全権大使として清と交渉し、朝鮮の独立を認めさせ、遼《りょう》東《とう》半島と台湾を割譲させた下関条約を締結した。伊藤はロシアとの協調を目指すが、対ロシアとして日英同盟が結ばれたために頓挫。日露戦争中にアメリカ大統領セオドア・ルーズベルトに仲介を要請し、のちにポーツマス条約の締結へとつながった。

１９０４（明治37）年に初代・韓国統監に就任。朝鮮併合に反対しつつも、主権の多くを日本が握る保護国化を進めた。その生涯は訪れた満州の地で暗殺によって幕を閉じた。

そんな伊藤も、女好きという一面があった。あだ名を「ほうき」といい、みずから1千人の女性と関係を持ったと豪語し、掃いて捨てるほど女がいたから名づけられたという。

最初の妻とは浮気が原因で離婚。後妻の梅子は元芸者だったからか、伊藤の芸者遊びに寛容であった。地方での芸者遊びでは、必ず2流の芸者を選んだという。一流の芸者には地方の有力者がパトロンでいるから、というのがその理由であった。あまりに女遊びが過ぎたのだろう、明治天皇にも「程々《ほどほど》にするように」とたしなめられている。

さて、そんな伊藤だから若いころはさぞや遊び呆《ほう》けていたかと想像するだろうが、そうではない。今でいうテロリストであった。長州（現在の山口県）の農民の家に生まれ、伊藤家の養子となる。吉田松陰の松下村塾《しょうかそんじゅく》に入り、尊皇攘夷思想に感化され、１８６３（文久３）年に高杉晋作とともに、江戸・品川のイギリス公使館の焼き討ちに参加した。

さらに、盲目の国学者として知られた塙保己一《はなわほきいち》の息子であり国学者であった忠宝《ただとみ》を、孝明天皇を廃位させるために動いている、という噂を信じて殺したといわれている。後年、このことを悔いていたというが、はっきりしたことはわかっていない。

詠む歌からイメージできない？放蕩三昧だった石川啄木

〈生年〉1886（明治19）年
〈没年〉1912（明治45）年

石川啄木《たくぼく》は明治時代の詩人である。貧窮のうちに結核で26歳の若さで死んだことから、悲劇の天才とみられている。代表作は、1910（明治43）年に出版された歌集『一握《いちあく》の砂』だ。「はたらけどはたらけど　猶《なお》わが生活（くらし）楽にならざり　ぢっと手を見る」は最も有名な収録短歌だろう。では、実際にこの歌で詠まれているように啄木が清貧な人物だったのか、その短い生涯を見てみよう。

1886（明治19）年、啄木は岩手県日戸《ひのと》村（盛岡市）で生まれた。本名は石川一《はじめ》。村人からは神童といわれ、ほかの子どもより1年早い5歳で尋常小学校に入り、主席で卒業している。そして、岩手県立盛岡中学校（現在の盛岡一高）に入学。同校には、のちに言語学者となる先輩の金田一京助や、妻となる堀合節子が在籍していた。

金田一の影響で、啄木は文学青年となる。文芸誌『明星《みょうじょう》』を愛読し、与謝野晶子《よさのあきこ》のファンになると本格的に文学を志す。そして中学校を退学し、17歳で上京。だが、じつのところ啄木は、文学と恋愛に溺《おぼ》れすぎて授業をサボるようになり、テストでカンニングを行ない、それが発覚して自主退学に追い込まれている。

上京したはよいが職は定まらず、下宿代を払えないうえに結核に罹患し、半年あまりで盛岡に帰郷してしまう。

それでも17歳のうちに『明星』で短歌を発表、20歳で処女詩集『あこがれ』を出版し、天才詩人として注目を浴びる。なお、このころ節子と結婚しているが、結婚式は啄木がすっぽかしたことで、なんと新郎不在のまま行なわれたという。

やがて、長女・京子が生まれる。生活は苦しく小学校の代用教員となるが、文学への熱は収まらず、再び上京を決意する。22歳のときだ。

単身上京した啄木は金田一の世話になる。このころから悪い遊びを覚えはじめたようだ。というのも、妻にバレないようローマ字で書かれた日記には、吉原で娼妓と遊んだことが赤裸々に書かれていた。女遊びや飲酒で60人あまりの友人に借金をする。その総額は１３７２円、現在の金額で１４００万円におよんだという。

啄木は慢性腹膜炎の手術を受けたのちに、結核が悪化。１９１２（明治45）年4月13日、小石川区久堅《ひさかた》町で家族と詩人の若山牧水《わかやまぼくすい》に看取られながら永眠した。その数日前、啄木は節子に日記を燃やすよう頼んでいる。しかし、啄木への愛ゆえか、節子は日記を処分できず、のちに公開された。ちなみに、節子はローマ字が読めたらしい。

医師でありながら、なかなか浪費癖が治らなかった野口英世

〈生年〉1876（明治9）年
〈没年〉1928（昭和3）年

野口清作《せいさく》は努力の人だった。清作は、1876（明治9）年に、福島県三ツ和村（猪苗《いなわ》代《しろ》町）に生まれた。1歳のときに囲炉裏《いろり》に落ち、大火傷を負って左手の指が動かなくなる。小学校では、その火傷を理由にほかの児童に馬鹿にされた。

清作は手が不自由であったがため勉学に勤しみ、猪苗代高等小学校に進学する。16歳のとき、会津若松で開業していた医師・渡部《わたなべ》鼎《かなえ》の手術により、万全ではないが指が動くようになった。これに感激した清作は医師を志した。

上京した清作は、医師開業試験に合格して医師となる。伝染病研究所では北里柴三郎に師事。1898（明治31）年には、名前を野口清作から「野口英世」と変えた。彼こそが、平成の時代に千円札の肖像となる偉人である。

1900（明治33）年、英世は渡米し、ペンシルベニア大学・ロックフェラー医学研究所の研究員となり、ヘビ毒の研究に打ち込む。さらに梅毒スピロヘータの純粋培養に成功し、ノーベル賞の候補にも選ばれている。

そして、英世はアフリカで猛威を振るっていた伝染病「黄熱病《おうねつ》」を研究するため、ガーナへとおもむく。しかし、自身も黄熱病に罹患し、53歳で病死した。英世の医学への功績と情熱は本物であり、紙幣の肖像となるに値するものである。

だが、その熱心さからは想像できない放蕩癖を英世は持っていた。その尻ぬぐいをしたのが、支援者の1人で歯科医の血脇守之助《ちわきもりのすけ》である。英世は上京すると、福島の恩師や友人から餞別《せんべつ》としてもらった40円（現代の価値で約30万円）をまたたくまに浪費し、血脇に泣きついた。血脇は英世を勤務先の寄宿舎に住まわせたうえに、援助金を与える。おかげで英世は試験に合格。医師免許を得た。

渡米する際も英世は騒動を起こしている。放蕩三昧で所持金がなかった英世は、箱根で知り合った資産家の姪と婚約することで手付金３００円を手にし、これを留学費用にあてることにした。ところが、渡米の前に友人らと遊郭にくり出し、一晩で手付金を使い果たしてしまう。

またしても英世は血脇に泣きつく。血脇はあきれながらも英世の才能を信じ、生涯初めて高利貸しで借金をして、留学費用を用立てたという。ただし、切符は横浜港から出航するアメリカ丸の甲板上で英世に手渡している。

じつは22歳での改名も、放蕩が関係している。当時、清作は坪内逍遥《つぼうちしょうよう》の小説『当世書生気質』を読んだ。そこには医学生「野々口精作」が放蕩の末に堕落していく姿が描かれていた。同じ医学生のうえに似た名前であり、自分もこの本の登場人物と同様の運命をたどるのではないかと恐れた清作は改名に踏み切ったのである。みずからの性質を理解し、恥じていたがなかなか改善できなかったのだろう。

英世は日本医学界の偉人であっても、実生活では酒好きの浪費家であった。しかしながら、後年は研究に打ち込んだためか、放蕩癖は鳴りをひそめたようである。

PART4

トップとはタイプが異なる、NO.2の人物

〝忠〟と〝孝〟の狭間でもがき苦しんだ平重盛

〈生年〉1138（保延4）年
〈没年〉1179（治承3）年

「忠ならんと欲すれば孝ならず、孝ならんと欲すれば忠ならず」――平重盛《たいらのしげもり》が発したこの言葉は、戦前には尋常小学校の歴史教科書にも記載されていたという。正確には、江戸時代後期の陽明学者・頼山陽《らいさんよう》の著作『日本外史』が伝える重盛の言葉であり、実際に本人がそう言ったかは定かではない。しかし、重盛が父・清盛と後白河法皇の板挟みになり、心身をすり減らしていたのは事実であり、『愚管抄《ぐかんしょう》』には「トク死ナバヤ」（早く死にたい）という悲痛な思いが記されている。

重盛は清盛の嫡男として、1138（保延《ほうえん》4）年に生まれた。頭角を現すのは1156（保元《ほうげん》元）年の保元の乱と3年後の平治の乱であり、平治の乱では「年号は平治、都は平安、我らは平氏、ならば敵も平らげようぞ」と兵に檄《げき》を飛ばした逸話が伝わる。

若き日の重盛は武勇で名を馳《は》せたが、本来は温厚にして情け深い性格であり、清盛の朝廷内での権力が強まるにつれて、皇族や公家、あるいは東国武将と清盛の仲を取り持つ調整役を務めるようになる。

清盛は1167（仁安《にんあん》2）年に武士として初めて太政大臣となり、いわゆる「平氏政権」がスタートする。翌年には出家して政界を引退したが、その後も事あるごとに重盛を福原の自邸に呼び出し、政権運営に関する指示を与えた。重盛も父に逆らうことなく、その指示を忠実に守った。

そんな親子が対立したのは1177（安元3）年のこと。後白河法皇の近臣による平氏打倒計画、いわゆる「鹿ケ谷《ししがたに》の陰謀」が発覚すると、清盛は法皇の拘束を決断する。甲冑を身につけ、今まさに出陣しようとする清盛の前に、平服の重盛が現れた。『平家物語』によれば、重盛は次のように父を諫《いさ》めたという。

「法皇の御威光を軽んずれば、たちまち神罰を受けて一族は滅びるでしょう。しかし、子である私に父を止めることはできません。どうしても法皇を捕らえるというのであれば、まずは私の首をはねてください」――命を賭した重盛の諫言に清盛は平静を取り戻し、出陣を思い留まるのである。

このように重盛は、清盛に釘を刺すことのできる唯一の存在であったが、その体はすでに病に侵されており、1179（治承《じしょう》3）年にこの世を去った。歯止めを失った清盛は法皇を幽閉し、院政を停止する。平氏政権は清盛の独裁政権へと変質し、一族は滅亡への道を歩み始めるのである。

南朝の九州制圧に貢献した知勇兼備の名将・菊池武光

〈生年〉不詳
〈没年〉１３７３（文中２／応安６）年

南朝《なんちょう》と北朝《ほくちょう》、ふたつの皇統が並立していた南北朝時代。北朝は後醍醐天皇による建武《けんむ》の新政から離反した足利尊氏によって興《おこ》され、室町幕府の後ろ盾となった。対して後醍醐天皇は南朝を興し、勢力拡大のため皇子たちを全国に派遣する。その１人である懐良《かねよし》親王は征西将軍として九州に渡り、肥後《ひご》（現在の熊本県）の豪族・菊池武光《きくちたけみつ》の支援を受けた。

菊池氏は長く11世紀前半の貴族・藤原隆家の後裔とみられていたが、近年では隆家の家臣の後裔とする説が有力となっている。元寇で武名をとどろかせた菊池武房《たけふさ》は十代目の当主にあたり、十五代目の武光も「百戦百勝」と称えられる勇将であった。

武光の武勇が如何なく発揮されたのは、１３５９（延文《えんぶん》４／正平《しょうへい》14）年の筑後《ちくご》川の戦いである。動員兵力は諸説あるが、武光率いる南朝軍は約４万、少弐頼尚《しょうによりひさ》率いる北朝軍は約6万と伝わる。両軍合わせて10万もの大戦である。

数で劣る武光はさまざまな策を用いた。頼尚はかつて南朝方の武将であり、武光と同盟を結ぶ際には「子孫七代に至るまで菊池に弓を引くことはない」という証文も書いているのだが、その舌の根も乾かないうちに離反した。武光はこの証文を掲げ、北朝軍を挑発したという。

加えて武光は300の兵を敵陣の背後に潜ませており、夜陰にまぎれて奇襲を仕掛けた。目的は同士討ちであり、狙いどおり北朝軍に混乱が生じると、南朝軍は総攻撃に打って出る。懐良親王もみずから騎馬を駆って奮戦したが、3カ所に深手を負ってしまう。これを見た武光は縦深突破を敢行し、17度にわたって敵陣正面への突撃をくり返した。12時間以上にわたる激闘の末、頼尚は大宰府に撤退し、合戦は南朝軍の勝利に終わった。

威勢を駆った南朝軍は1361（康安《こうあん》元／正平16）年に大宰府を制圧し、九州での覇権を確立する。建国間もない中国・明王朝の洪武《こうぶ》帝は、南朝を日本の正統な王朝とみなし、懐良親王を「日本国王」に封じる書簡を送っている。当時の九州は南朝が支配する独立国のような有様であった。

しかし、絶頂期は長く続かない。武光は1368（応安元／正平23）年に満を持して東征を開始するも、周防《すおう》（現在の山口県南東部）の大内氏に阻まれてしまう。以降、南朝の勢力は減退し、幕府から派遣された今川貞世《さだよ》（了俊《りょうしゅん》）との抗争の最中、武光は陣中で没した。1392（明徳3／元中《げんちゅう》9）年には三代将軍・足利義満の主導で南北朝の合一が成り、すべての南朝勢力が北朝に帰順した。

足利義満と親子同然の絆で結ばれていた細川頼之

〈生年〉1329（元徳元）年
〈没年〉1392（元中9／明徳3）年

室町幕府の全盛期は三代将軍の足利義満によってもたらされた。将軍就任はわずか11歳のときであり、創設間もない室町幕府の支配体制の確立は、管領・細川頼之《よりゆき》の力によるところが大きい。

足利家の御家人であった頼之は、南北朝の動乱において武功で頭角を現し、病床にあった二代将軍の足利義詮《よしあきら》から将軍を補佐する管領に任命された。義詮は頼之に「汝のために一子を与えん」、義満に「汝《なんじ》のために一父を与えん。その教えに違えることなかれ」と言い残してこの世を去った。以降、頼之と義満は親子のごとく固い絆で結ばれる。

幕府にとって当面の課題は支配体制の強化であり、頼之はまず「応安大法《おうあんのたいほう》」と呼ばれる半済令《はんぜいれい》を施行する。これは皇族・摂関家・寺社を除く荘園から上がる年貢を、荘園領主とその地域の守護が半分ずつ徴収する法令である。土地所有の原則が幕府によって示され、のちの守護領国制の土台になったという点で画期的な法令といえる。

軍事面では南朝方の楠木《くすのき》正儀《まさのり》を北朝に寝返らせることに成功したが、頼之の手腕はややもすれば独善的であり、敵対する勢力は北朝内にも多かった。軋轢《あつれき》はやがてクーデターに発展する。１３７９（康暦《こうりゃく》元／天授《てんじゅ》５）年、室町御所が斯波義将《しばよしゆき》ら反頼之派の軍勢に包囲されると、義満はやむなく頼之を罷免し、頼之は領国の四国へ落ちていった。

ただし、これで両者が完全に決別したわけではなく、２年後の１３８１（康暦３／天授７）年には頼之の弟で養子の頼元《よりもと》が幕政への復帰を果たした。失脚から10年後には頼之自身の復帰も認められ、義満が厳島に参詣した際には１００艘《そう》もの船団で出迎えている。この厳島参詣は、幕府の威光を示すデモンストレーションであるのと同時に、頼之の幕政復帰を祝福するものでもあった。

室町幕府の組織図

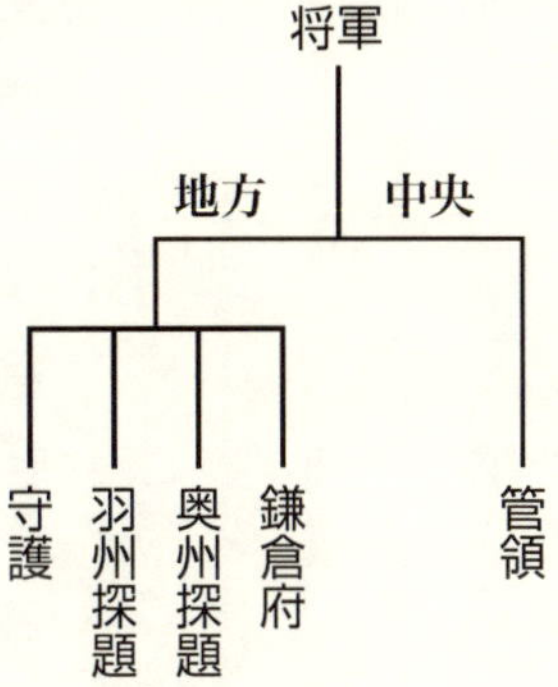

中央では将軍を補佐する管領が力を持っていた。

再び親子の関係に戻った頼之と義満は、11カ国の守護であった山名氏の内紛に介入し、その勢力を減退させる。この明徳の乱が頼之の最後の仕事となった。

１３９２（明徳３／元中９）年、病床に就いた頼之は「もはや天下に上様を見下す者は誰もおらず、思い残すことはない」と言い残し、63年の生涯に幕を閉じた。

東大寺の放火は冤罪だった？
〝梟雄〟松永久秀の真実

〈生年〉1510（永正7）年 ※諸説あり
〈没年〉1577（天正5）年

歴史上の偉人の中でも、残忍で荒々しい人物を「梟雄《きょうゆう》」と呼ぶ。戦国時代では、三好長慶《みよしながよし》や織田信長に仕えた松永久秀《まつながひさひで》がその代表格といえるだろう。

信長は徳川家康に久秀を引き合わせた際、「この老人（久秀）はまったく油断ができない。常人ならばひとつもできない悪行を3つも行なった」と紹介した。3つの悪行とは「室町幕府十三代将軍・足利義輝《よしてる》の暗殺」「主君の三好家に対する裏切り」「東大寺大仏殿の焼き討ち」であり、久秀に梟雄としてのイメージを植えつけた要因ともなっている。しかし、少なくとも東大寺大仏殿の焼き討ちは久秀の悪行とは言い切れない。

久秀は事実上の天下人であった長慶に仕えていたが、長慶の死後は政権の運営方針をめぐり、同じ重臣の三好三人衆（三好長逸《ながやす》・三好政康《まさやす》・岩成友通《いわなりともみち》）と対立した。1567（永禄10）年、両陣営は大和の東大寺周辺で合戦に臨むが、本陣としていた東大寺の大仏殿が炎上したことで三好三人衆陣営は軍の統制が取れなくなり、撤退を余儀なくされる。

この炎上について、興福寺の僧侶によって書かれた『多門院《たもんいん》日記』では放火ではなく失火によるものとし、またルイス・フロイスが著した『日本史』では三好三人衆陣営にいたキリスト教兵士の放火としている。いずれにせよ、久秀の冤罪《えんざい》である可能性は高い。

そんな久秀が信長に仕えるようになったのは、1568（永禄11）年のこと。主に外交面で優れた手腕を発揮し、朝倉氏攻めでは信長を窮地から救う働きを見せている。

1570（元亀《げんき》元）年、信長は3万の兵を率いて朝倉義景《よしかげ》が治める越前（現在の福井県東部）への侵攻を開始するが、手筒山《てづつやま》城と金ヶ崎《かねがさき》城を落としたところで予期せぬ報せがもたらされる。妹の市が嫁いでいた浅井長政の裏切りである。

義弟の裏切りをにわかには信じられず、朝倉攻めを続けようとしていた信長に対し、久秀は「ふたつの城を落としただけで満足するべきでしょう」と諫め、撤退を促した。このとき、在地の土豪である朽木《くちき》氏を味方に引き入れ、退路を切り拓いたのも久秀であり、信長は無事、京都への生還を果たすのである。

その後も久秀は信長に重用されたが、十五代将軍の足利義昭が「信長包囲網」を構築する中で、3度にわたって織田家を離反する。詳細な理由は定かではない。

いずれの謀反も信長は許したが、3度目は久秀自身が帰参を拒み、居城の信貴山《しぎさん》城で自害した。「平蜘蛛《ひらぐも》」の茶釜を道連れにしての爆死は後世の創作であり、実際にはみずから城に火を放ち、炎の中で自害したと伝わる。

〃米〃にたとえられた万能の武将・丹羽長秀

〈生年〉1535（天文4）年
〈没年〉1585（天正13）年

「木綿《もめん》藤吉、米五郎左《こめごろうざ》、掛《か》かれ柴田に、退《の》き佐久間」――これは織田信長の重臣4人の特徴をとらえた当時の戯《ざ》れ歌《うた》である。羽柴秀吉（藤吉郎）は丈夫で使い勝手がよいことから「木綿」にたとえられ、「掛かれ柴田」は柴田勝家の勇猛さを、「退き佐久間」は佐久間信盛が退却戦に長《た》けていたことを表している。

「米五郎左」は丹羽《にわ》長秀《ながひで》であり、毎日の生活に欠かせないことから「米」にたとえられた。秀吉や勝家に比べると地味な存在だが、信長は長秀を「友であり兄弟」と評しており、最も信頼を寄せていた重臣といえる。

15歳で信長に仕えた長秀は、織田家中では勝家とともに最古参の部類に入る。テレビドラマなどでは青年期の信長が、若い近習を連れて領内を馬で駆ける様子が描かれているが、その近習の1人が長秀である。

武将として頭角を現すのは美濃《みの》（現在の岐阜県南部）攻めからであり、猿啄《さるばみ》城や堂洞《どうほら》城の戦いで武功を挙げた。また、信長が足利義昭を奉じて上洛する際の箕作《みつくり》城攻めでは、信盛や秀吉らと先陣争いを演じている。『丹羽歴代年譜』によれば、長秀のもうひとつの異名である「鬼五郎左《おにごろうざ》」は、この合戦での勇猛果敢な戦いぶりからつけられたという。

加えて、長秀は行政手腕にも秀でていた。信長が近江《おうみ》（現在の滋賀県）を接収した際には奉行として検地を執り行ない、のちの安土城建造では普請総奉行も務めている。信長は軍事と内政の両面で優れた手腕を発揮する長秀をことのほか厚遇し、織田軍の軍事パレードである1581（天正9）年の京都馬揃《うまぞろ》えでは、筆頭家老の勝家を差し置いて長秀を隊列の先頭に立てている。長秀は織田軍団の顔とも呼べる存在だったのである。

信長の死亡後に開かれた清洲会議では、長秀は秀吉が擁立した信長の嫡孫・三法師《さんぼうし》（のちの織田秀信《ひでのぶ》）を支持し、賤ヶ岳《しずがたけ》の戦いでも秀吉に与した。戦後は従来の領国であった若狭《わかさ》（現在の福井県西部）に加え、越前（現在の福井県東部）と加賀（現在の石川県南部）の一部を拝領して123万石の大大名となるが、1585（天正13）年に死去した。

その最期については諸説あり、江戸時代初期の儒学者・林羅山《はやしらざん》が記した『豊臣秀吉譜《とよとみひでよしふ》』によれば、長秀は積聚《しゃくじゅ》（寄生虫を原因とする腹部の激痛）を患っており、痛みに耐えきれず切腹したという。また、幕末に成立した『大日本野史』では、織田家を乗っ取った秀吉に対する憎しみから切腹し、取り出した臓物を秀吉に送りつけたとしているが、真偽は定かではない。長秀の織田家に対する忠誠心が生んだ俗説であろう。

謀反人でありながら主君に〝友〟と呼ばれた本多正信

〈生年〉1538（天文7）年
〈没年〉1616（元和2）年

徳川家康の懐刀《ふところがたな》として知られる本多正信《ほんだまさのぶ》は、徳川家臣団の中でも一風変わった経歴を持つ。家康がまだ松平元康《もとやす》と名乗っていたころに鷹匠《たかじょう》として仕え、桶狭間の戦いにも加わった。ところが、1563（永禄6）年に三河（現在の愛知県東部）で起こった一向一揆では家康に反旗を翻《ひるがえ》し、一揆勢に荷担した。

その後は三河を離れ、大和《やまと》（現在の奈良県）の松永久秀に仕える。久秀は正信を「剛にあらず、柔にあらず、非常の器である」と高く評価していたが、正信は再度出奔《しゅっぽん》し、諸国放浪を経て家康の元に帰参した。時期は定かではないが、遅くとも1582（天正10）年の本能寺の変までには徳川への再仕官を果たしたとみられている。

行政手腕に優れていた正信は、武田家滅亡後に徳川領となった甲斐《かい》（現在の山梨県）の奉行として頭角を現し、程なく家康の側近となる。諸国放浪で得た正信の経験と知見を家康は買ったのであろう。豊臣秀吉の死亡後は家康の参謀ともいうべき立場を担い、大坂冬の陣のきっかけとなった「方広寺鐘銘《ほうこうじしょうめい》事件」は正信の発案とみられている。

家康は4つ年上の正信を〝友〟と呼び、全幅の信頼を寄せた。一方で、血気盛んな根っからの三河武士にとっては、知謀で出世を遂げた正信は認め難い存在であった。家康の重臣である榊原康政《さかきばらやすまさ》は正信を「腹の腐った奴」と罵倒し、本多忠勝《ただかつ》からも「同じ本多一族とは認めない」「正信は腰抜け」と、散々な言われようであった。

現代でも正信にはダーティーなイメージがつきまとっている。だが私利私欲とは無縁であり、少なくとも帰参後の忠誠心は本物であった。それは正信の領地石高が示している。1590（天正18）年、秀吉の命により家康が関東に移封されると、正信は相模《さがみ》（現在の神奈川県）の玉縄《たまなわ》に1万石（一説に2万2000石）の領地を賜り、大名となった。井伊直政の12万石、忠勝の10万石などと比べ、格段に低い石高である。

これは正信自身が望んだことであり、のちに嫡男の正純に対しても「当家は3万石以上の領地を賜ってはいけない。それ以上の加増は身を滅ぼす」と釘を刺している。多くを望まないことが、敵の多かった正信の処世術だったのであろう。

江戸幕府の成立後、正信は駿府に隠居した家康に代わって二代将軍・秀忠の補佐役を務め、1616（元和《げんな》2）年7月に死去した。家康の死からわずか1カ月後のことであり、友の後を追うようにこの世を去ったのである。

兄の天下取りを陰で支えた名将・豊臣秀長

〈生年〉1540（天文9）年
〈没年〉1591（天正19）年

秀吉がまだ羽柴姓を名乗っていたころの右腕といえば、蜂須賀小六《はちすかころく》、竹中半兵衛、黒田官兵衛などの名前が挙げられる。しかし、これら有能な家臣を取りまとめたという点で、秀吉の弟である秀長《ひでなが》こそ、天下取りの最大の功労者といえるのではないだろうか。

秀吉の出自は定かではなく、尾張《おわり》（現在の愛知県西部）中村の百姓であったとする俗説が定着している。織田信長のもとで足軽となり、百人頭に昇格した秀吉が真っ先に声を掛けた相手が秀長であった。

4歳違いの異父兄弟である秀吉と秀長の性格は、真逆といえる。たとえば、信長が美濃（現在の岐阜県南部）を攻める際、2人は川並衆（木曽川流域に勢力を持っていた土豪）の頭目であった小六を味方に引き入れるのだが、秀吉が作戦の勝算など理屈で説得したのに対し、秀長は「天下安寧のため」と、ひたすら頭を下げた。無論、秀吉のやり方が悪いというのではない。2人は互いの足りない部分を補うことで、その後の躍進につなげたのである。

1573（天正元）年、秀吉が近江（現在の滋賀県）の長浜にて城持ちとなると、秀長は城代を任されるようになる。このころの秀吉は家臣の数もふくれ上がっており、その調整が秀長の主な役目であった。一方で軍事に関する助言も行なっており、秀吉が中国地方を攻める際には、山名氏が所有していた生野《いくの》銀山の奪取を進言している。秀吉は水攻めに代表される大がかりな奇策をたびたび用いているが、それらは潤沢な軍資金あってこそ可能な作戦である。秀吉に経済の重要性を認識させたのも秀長の功績といえるだろう。

その後、秀長には大和（現在の奈良県）を中心に100万石の領地が与えられ、大納言の官位を受けたことから「大和大納言」と呼ばれるようになる。大名からの信頼も厚く、秀吉との面会を求める者は、まず秀長に根回しを依頼した。豊臣政権では茶人の千利休も秀吉の腹心であったが、公のことは秀長に、内々のことは利休に相談するのが当時の大名の慣例であったという。

秀長は四国攻めを終えたあたりから病に伏せることが多くなり、1591（天正19）年に死去した。秀吉を諌めることのできた秀長の死の影響は大きく、わずか2カ月後に利休が切腹したのを皮切りに、朝鮮出兵、甥の豊臣秀次の切腹と、政権を揺るがす事態が立て続けに起こる。豊臣家の崩壊は、秀長の死とともに始まったのである。

主家の方針に背いてでも敵方に内通した吉川広家

〈生年〉１５６１（永禄４）年
〈没年〉１６２５（寛永２）年

「天下分け目の戦い」と呼ばれる１６００（慶長５）年の関ヶ原の戦いは、小早川秀秋の寝返りが決め手となり、東軍の勝利が決まった。しかし、合戦の帰趨《きすう》に大きく関わった武将はもう１人いる。毛利輝元の重臣・吉川広家《きっかわひろいえ》である。

豊臣五大老の中で徳川家康に次ぐ大身であった毛利家は、家康と敵対する石田三成によって西軍総大将に担《かつ》がれた。ところが、広家は徳川の勝利を確信しており、仲介役の黒田長政に東軍への荷担を約束する。毛利家中には安国寺恵瓊《あんこくじえけい》をはじめ、あくまで三成に味方すべきと主張する重臣も多く、広家の謀議は主君の毛利輝元《てるもと》、その養子である秀元《ひでもと》には知らせぬまま、独断で進められた。

決戦当日、秀元率いる１万６０００の毛利軍は南宮《なんぐう》山の山頂に布陣し、吉川軍は毛利軍の進路をさえぎるように、南宮山の麓《ふもと》に陣を敷いた。合戦が始まっても広家は出撃しようとせず、吉川軍が動かない限りは毛利軍も動けない。三成は広家の出撃を催促するが、広家は「今から弁当を食べるところである」などと言い訳して、要請を拒み続けた。この逸話は、秀元の官位が宰相（参議）だったことから「宰相殿の空弁当《からべんとう》」と呼ばれている。

結局、関ヶ原の戦いは東軍の勝利で終結した。これで毛利家は安泰となるはずであったが、家康は戦前の約束を反故《ほご》にする。西軍総大将を務めた罪で輝元の領地をすべて没収し、周防（現在の山口県南東部）と長門《ながと》（現在の山口県北西部）の2カ国を吉川家に与える裁断を下したのである。

とはいえ、広家の望みは自身の栄達ではなく、あくまで毛利家の存続である。広家は家康に書状を送り、「輝元が処罰され、自分だけが恩賞をいただいても面目が立たない。どうか自分にも同じ罰を与えてほしい」と訴えた。この殊勝とも呼べる広家の言葉が家康を動かし、毛利家は防長2カ国のみ安堵されることとなった。

敗軍の総大将でありながら、毛利家が家名を存続できたのは、広家の先見の明と、主家の方針に背いてでも事を進めた果断にあったといえるが、毛利家内では領地削減の戦犯扱いとされた。

ちなみに、毛利家は減封にともない本拠地を広島から萩《はぎ》に移している。通説では家康の命令で僻地に押し込められたとされているが、事実ではない。新たな本城の候補地は萩を含む3カ所であり、これらを提案したのは毛利側であった。萩への移転は、毛利家の意向をある程度くんだものだったのである。

「上に立つ者の心構え」を示した幕府老中・阿部忠秋

〈生年〉1602（慶長7）年
〈没年〉1675（延宝3）年

江戸幕府四代将軍の徳川家綱《いえつな》は、政務を重臣に任せ切りだったことから「左様《さよう》せい様《さま》」と呼ばれていたという。これは裏を返せば、当時の幕閣には優秀な人材が多かったということであろう。実際、三代将軍の家光から四代将軍の家綱にかけての治世では保科《ほしな》正之《まさゆき》、酒井忠勝《ただかつ》、井伊直孝《なおたか》、松平信綱《のぶつな》、阿部忠秋《ただあき》など後世に名を残す大老・老中が数多く活躍している。なかでも信綱と忠秋は、家綱治世下の「二名臣」として名高い。

信綱は当代随一の切れ者であり、官職名が「伊豆守《いずのかみ》」であったことから「知恵伊豆」の異名で広く知られている。一方の忠秋は、信綱のように才気走ったところはないものの、朴訥《ぼくとつ》かつ実直な人柄で江戸の民衆から敬愛された。『駿台雑話《すんだいざつわ》』には、忠秋の人となりを伝える次の逸話が記されている。

ウズラの飼育を趣味としていた忠秋は、麹町《こうじまち》の鳥屋でウズラを買おうとしたが、高額のために手が出せなかった。それを聞きつけたある人が、買い取ったウズラを忠秋に贈った。すると忠秋は、贈られたウズラも含め、飼っていたウズラをすべて解き放ってしまったという。「老中として人の上に立つ者が、足下を見られるようなことがあってはならない」という、自分自身への戒《いまし》めなのだろう。

こうした生真面目さに加え、忠秋は数十人もの捨て子を養育するなど、庶民の生命と生活を重視する政治家でもあった。その思想は幕府の政策にも表れている。

1651（慶安4）年、兵学者の由井正雪《ゆいしょうせつ》が幕府に不満のある浪人たちを集め、謀反を起こそうとしていた計画が明らかになる。のちに「慶安の変」と呼ばれる事件である。その後の幕議では、江戸市中にあふれる浪人をどうするかが大きな論点となった。浪人を江戸から追放すべきという意見が大勢を占めるなか、忠秋が猛然と反論する。

「行き場を失った浪人たちはどうなるでしょう。村々で略奪や辻斬りなどを行なうかもしれません。お上の都合で万民を苦しめるのは、仁政とはいえません」

そもそも浪人の増加は、働き口の不足が大きな原因であり、追放するだけでは根本的な解決とはならない。議論の結果、幕府は忠秋の方針を採用し、浪人の就業促進政策を推進する。加えて、大量の浪人が発生する元凶ともいえる末期養子《まつごようし》（跡継ぎのいない武士が危篤の際に所領を継承するために願い出る養子縁組）の禁止も緩和された。

前時代的な武断政治から、人道主義を背景にした文治政治への転換は、五代将軍・徳川綱吉《つなよし》のもとでさらなる加速をみせる。その先鞭をつけたのが忠秋であった。

壊滅寸前の藩財政を回復させた
薩摩藩家老・調所広郷

〈生年〉1776（安永5）年
〈没年〉1849（嘉永元）年

幕末の薩摩藩が討幕勢力の中心となれたのは、西郷隆盛や大久保利通ら優秀な人材が数多くいたからだが、それだけでは不十分だ。薩摩藩は薩英戦争以降、イギリスとの密接な関係を築き、軍備や兵制の近代化に成功した。これは藩に潤沢な軍資金がなければできなかったことだ。

ところが薩摩藩は、ペリー来航の十数年前までは極度の財政難に見舞われていた。原因は「蘭癖《らんぺき》大名」と揶揄《やゆ》された八代藩主・島津重豪《しげひで》の放漫財政だ。

薩摩藩の名目上の石高は77万石だが、実際には35万石程度である。しかも薩摩藩は他藩に比べて武士の数が多く、財政における支出の割合が高い。加えて宝暦年間の木曽三川治水工事の際にできた借金も残っていた。

藩主となった重豪は、砂糖や漆など商品作物の生産を奨励するなど財政改善を試みるも、成果にはつながらなかった。それどころか重豪は、藩校の造士館《ぞうしかん》や天文観測所の明時館《めいじかん》、医学館といった教育・文化施設を相次いで建設し、藩財政を破綻寸前にまで追い込むこと

薩摩藩の密貿易と歴代藩主

〈薩摩の密貿易〉

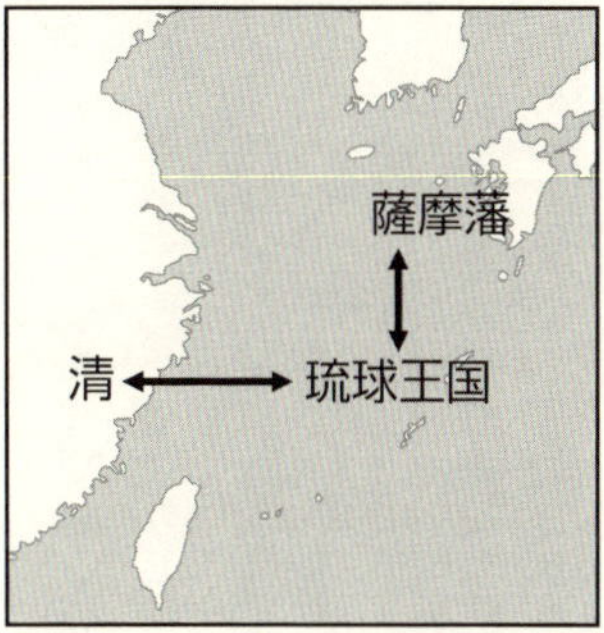

〈江戸時代後期の薩摩藩主〉

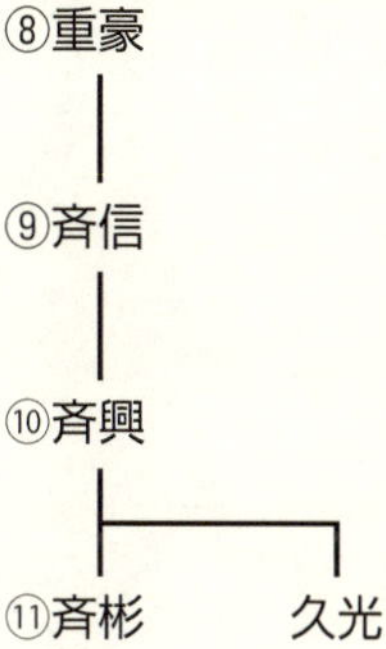

広郷の財政改革で力をつけた薩摩藩主は、幕末の幕政に関与するようになる。

となった。
文政《ぶんせい》年間（1818〜1831）、藩の歳入が年14万両であったのに対し、負債総額は500万両。利息の支払いだけでも年8万両であり、藩士の給料でさえ賄《まかな》えない状況であった。

この財政難を解決するために抜擢されたのが、調所広郷《ずしょひろさと》である。広郷はまず奄美大島や徳之島で採れる砂糖の専売に着手する。島民から安値で買い上げた砂糖を、大坂の問屋をとおさずに藩の蔵屋敷で直接仲買に卸し、大きな利益を上げた。

加えて、幕府の鎖国政策により禁止されていた海外との密貿易も推進する。当時、中国大陸を支配していた清王朝の文物を琉球王国を介して輸入。絹や陶器は「唐物《からもの》」と呼ばれ、高額で取引されたという。

借金に関しては債権者である商人を脅《おど》し、無利息の250年払いというとんでもない条件をのませた。こうしたなりふり構わぬ施策の結果、島津家の財政は黒字転換し、1840（天保11）年の時点で50万両ほどの備蓄もできたという。

しかし、広郷にはまだ悩みの種があった。当時の藩主であった斉興《なりおき》（重豪の孫）の嫡男、斉彬《なりあきら》の存在である。重豪は当時としては異例の長寿であり（1833年に89歳で死去）、斉彬は幼少期に蘭学の手ほどきを受けていた。財政を立て直した広郷や斉興にしてみれば、斉彬が重豪の再来となることだけは避けなければならない。

斉興は次男・久光《ひさみつ》の擁立を画策し、斉彬派の藩士に弾圧を加えた。対する斉彬は、父と広郷を失脚させるべく、藩の密売を幕府老中・阿部正弘に密告してしまう。広郷は江戸城での尋問を受けた直後、すべての責任を負うかのように、薩摩藩邸で服毒自殺を遂げるのである。

名君であった斉彬との対比で悪役とされることも多い広郷だが、行なったことはあくまで重豪の尻ぬぐいであり、広郷がいなければ西郷や大久保が世に出ることはなかったであろう。幕末の功労者の1人であることは間違いない。

PART5

いまひとつ知名度は高くないが、重要な人物

朝廷からの弾圧を乗り越え、日本初の大僧正となった行基

〈生年〉668年
〈没年〉749（天平21）年

奈良県のシンボルとも呼べる奈良の大仏は正式名称を「東大寺盧舎那《るしゃな》仏」といい、752（天平勝宝《てんぴょうしょうほう》4）年に完成した。建立の総指揮を執った行基《ぎょうき》は、日本で初めて「大僧正《だいそうじょう》」の地位を与えられ、当時の日本仏教の頂点に立っていた人物である。しかし、そこに至るまでの道程は決して平坦ではなかった。

668年に河内《かわち》（現在の大阪府東部）で生まれた行基は15歳で出家し、法相宗《ほっそうしゅう》の僧侶・道昭《どうしょう》に師事した。24歳で受戒《じゅかい》（仏教の戒《いまし》めを守ることを誓う儀式）した後の十数年間は山林での修行に励み、37歳から布教活動に専念するようになったと伝わる。

行基は布教と同時に、無料の宿泊施設である布施部屋の建設や、灌漑工事、架橋といった慈善事業も精力的に行なった。大陸の先進文化に明るい僧侶は技術者としての側面も持ち、行基は生涯において100件近いインフラ工事に携わったという。

当時の社会は重税や労役に苦しむ民衆が増加しており、心の拠りどころとなった行基の元には多くの私度僧《しどそう》（官から出家の許可を得ていない僧侶）が集まった。ところが、そん

な行基の活動に横槍《よこやり》が入る。大宝律令の「僧尼令《そうにりょう》」は私度僧の活動を禁止していたが、行基自身も私度僧であり、朝廷は「人心を惑わしている」として行基一派を弾圧した。

しかし、行基はひるむことなく布教活動を継続する。これには朝廷が723（養老7）年に公布した「三世一身法《さんぜいっしんほう》」が追い風となった。従来、全国の土地は朝廷の所有であったが、限定的に土地の私有を認めるこの法令により、土木工事の需要が増加したのである。

高まる名声を無視できなくなった朝廷は弾圧の方針を改め、行基は正式に僧として認められる。その後は聖武天皇から東大寺盧舎那仏の建立の指揮を任され、745（天平17）年には大僧正の位が与えられた。

当時の日本は、天候不順による飢饉、伝染病の流行、地震といった災害に見舞われていたことから、仏に祈って災いを払うために、東大寺以外にも多くの寺院で大仏の建立が計画されていた。つまり朝廷は、行基一派を弾圧するのではなく、人手不足の解消として利用することを選んだのである。

東大寺盧舎那仏の建立は745（天平17）年より始まったが、行基はその4年後に入滅し、開眼供養《かいがんくよう》を見ることは叶わなかった。朝廷から「菩薩《ぼさつ》」の諡号《しごう》が与えられた行基は、今なお人々から尊崇の念を集めている。

織田信長の政策を先取り！
畿内を制覇した三好長慶

〈生年〉１５２２（大永２）年
〈没年〉１５６４（永禄７）年

21世紀に入って以降、日本史の見方が変わり、戦国時代の重要キャラの地位に浮上しているのが三好長慶《みよしながよし》だ。従来は目立たない畿内《きない》の一大名と思われていたが、短期間ながら天下を獲り、織田信長の先駆者となったという評価が広まりつつある。

日本各地が戦乱に明け暮れる中、京都では１４９３（明応２）年から約半世紀にわたり、幕府管領の細川氏が将軍家の足利氏になりかわって実質的に政権を掌握していた。こうした状況下、長慶は管領の細川晴元《はるもと》に仕える三好元長《もとなが》の子として生まれる。

元長は晴元と衝突したのち、一向一揆に攻められて戦死、長慶はわずか12歳で一族の中心的な立場となった。以降は表向きは晴元に臣従しつつ、父の無念を晴らして細川氏を追い落とすことを目指して虎視眈々《こしたんたん》と力を蓄える。そして１５４９（天文《てんぶん》18）年、28歳の長慶は、江口《えぐち》の戦いで晴元の軍を破って京都に入った。以降の十数年間は、長慶を中心とした三好氏が幕府から実権を奪ったので「三好政権」と呼ばれる。

一時は晴元と将軍の足利義輝が逆襲をはかったが、長慶はこれを退けて義輝らの幕府重鎮を近江《おうみ》（現在の滋賀県）へ追放した。三好政権の勢力下に置かれたのは、山城（現在の京都府南部）、大和《やまと》（現在の奈良県）、近江など畿内の大部分と、淡路島、阿波《あわ》（現在の徳島県）など四国の一部で、10カ国近くにもおよんでいる。

三好政権は商業地帯の堺を支配下に置いて貿易による収益の拡大をはかり、鉄砲など西洋から渡来した最新の技術を積極的に取り入れ、キリスト教徒の活動も容認した。これらは、まさに後年の信長の政策を先取るものだ。また、長慶は将軍家など旧来の有力者が多かった京都ではなく、摂津の越水城《こしみずじょう》（兵庫県西宮市《にしのみやし》）、芥川城《あくたがわじょう》（大阪府高槻市《たかつきし》）、河内の飯盛山城《いいもりやまじょう》（大阪府四條畷市《しじょうなわてし》）に新たな拠点を築いた。これも、近江に安土城を築いて新たな政治の中心地にしようとした信長の方針を先取っている。

長慶は戦に強いばかりでなく、文化的なセンスも高く、国内の古典的な和歌にも漢詩にも通じていた。弟の実休《じっきゅう》とともに盛んに茶の湯の会や連歌の会を開いて公家や高僧の教養人とも交流を深め、長慶作の連歌は全31巻も残されている。

権勢を誇った長慶だが、1561（永禄4）年以降、弟の十河一存、嫡子の義興《よしおき》など一族の有力者が相次いで死去し、三好政権は急速に弱体化していく。最終的に長慶は重臣の松永久秀《まつながひさひで》に実権を奪われ、1564（永禄7）年に43歳で没した。長慶と入れかわるように台頭する信長が桶狭間の戦いに勝利したのは、この4年前である。

大坂の陣のもう1人の主役！毛利勝永が見せた武勇

〈生年〉1578（天正6）年
〈没年〉1615（慶長20）年

大坂の陣を西軍の立場から描いたドラマや映画は、その多くが真田幸村（信繁《のぶしげ》）を主人公にしている。しかし実際の合戦では毛利勝永《かつなが》も幸村に負けない活躍を見せている。

勝永は1578（天正6）年、羽柴《はしば》秀吉の黄母衣衆《きぼろ》（秀吉直属の武者の中から選ばれ、黄色の指物の着用を許された集団）であった毛利勝信《かつのぶ》の長男として生まれた。生まれは尾張（現在の愛知県西部）とも、近江（現在の滋賀県）とも伝わる。当時の姓は森であり、肥後《ひご》国人一揆の鎮圧に功のあった勝信が小倉6万石の領主となった1587（天正15）年ごろに、毛利へ改姓したとされる。その後の朝鮮出兵でも功績を挙げた。

毛利家は関ヶ原の戦いで西軍に与《くみ》し、勝永は関ヶ原の戦いの前哨戦である伏見城の戦いで活躍したが、関ヶ原の本戦では動かない毛利隊（総大将・毛利輝元が派遣した隊）の傘下にいたため活躍できなかった。敗戦後は山内一豊《やまうちかずとよ》が治める土佐（現在の高知県）に、親子とも流罪となった。父の没後に大坂城の豊臣秀頼《ひでより》から協力要請が届くと、豊臣家から受けた恩に報《むく》いるべく土佐を脱出し、大坂城へは馳せ参じるのである。

真田幸村の生涯を知っている人ならば、ここまでの勝永の半生が幸村とよく似ていることにお気づきだろう。どちらも秀吉の家臣で、関ヶ原の敗戦で流罪となり、軟禁生活を抜け出して大坂城へ駆けつけた。おそらく当時の知名度も似たり寄ったりではなかったか。

後世における幸村と勝永の扱いの差は、真田昌幸《まさゆき》と毛利勝信という父親の知名度の差、あるいは大坂冬の陣での戦いぶりも影響しているかもしれない。幸村は真田丸の戦いで武名をとどろかせたが、勝永に目立った武功はなく、幸村に遅れを取ってしまった格好だ。

続く大坂夏の陣では、勝永は目覚ましい活躍を見せる。その最終決戦で勝永は、徳川家康本隊の正面に布陣して攻撃を開始。本多忠朝《ただとも》を敗死させるなど12の部隊を蹴散らし、幸村とともに家康を自害寸前にまで追い込むのである。幸村が討死にして撤退に移ると、藤《とう》堂高虎《どうたかとら》や細川忠興《ただおき》といった徳川方の歴戦の武将の攻撃をしのぎ、見事に退却してみせた。

その様子を遠目から見ていた徳川方の黒田長政は、「あの子どもがこれほどの大将に成長するとは」と感嘆の声を挙げたという。関ヶ原の戦いののち、勝信が小倉城を明け渡した相手が長政の父・黒田如水《じょすい》であった。黒田家は豊前《ぶぜん》（現在の福岡県東部と大分県北部）中津《なかつ》の領主であり、長政は少年時代の勝永を知っていたのだろう。

勝永は大坂城内へ引き返したのち、自害に臨む秀頼を介錯した。最後の役目を終えた勝永も息子や弟とともに自害し、37年の生涯に幕を閉じたのである。

幕府の金蔵を開放して被災者を救済した保科正之

〈生年〉1611（慶長16）年
〈没年〉1673（寛文12）年

現在の皇居は、江戸城の跡地に置かれている。東御苑《ひがしぎょえん》には天守台の石垣が現存しているが、その上に天守はない。じつは江戸城の天守は1657（明暦3）年の「明暦の大火」で焼失して以来、再建されていない。その背景には、当時の実質的な幕政のトップであった保科正之《ほしなまさゆき》の合理的な判断がある。

正之は1611（慶長16）年に二代将軍・徳川秀忠の四男として生まれた。隠し子であったことから江戸城外で育てられ、7歳で信濃《しなの》（現在の長野県）の高遠《たかとお》藩主・保科正光《まさみつ》の養子となる。その後は出羽《でわ》（現在の山形県、秋田県）の山形藩主を経て、1643（寛永20）年に会津23万石の藩主となった。

異母兄である三代将軍の家光が死去すると、その遺言により四代将軍・家綱の後見人となり、幕政を主導した。家康から家光までの治世では、武力を背景に大名の統制を強化する武断政治が行なわれていたが、このころはすでに安定期に入っており、正之は文治政治へと方針を転換する。大名家の断絶を減らして浪人の増加に歯止めを掛けた「末期養子の禁の緩和」、戦国時代から続く旧習を改めた「殉死の禁止」「大名証人制度の廃止」など、社会の安定に主眼を置いた政策を次々に打ち出していった。

そんな正之のリーダーシップがことさら強く発揮されたのが、明暦の大火の発生時である。この大火は3日間にわたって江戸市中を焼き尽くし、3万～10万人が死亡したとされている。

正之の主導による被災者救済は、迅速かつ手厚いものであった。まずは幕府の米蔵と金蔵を開放し、江戸の6カ所で1日1千俵の炊き出しを7日間にわたって行ない、さらに家を失った町民には16万両の救援金も与えた。幕閣の中には幕府の備蓄金を放出することに反対する者もいたが、正之は「金はこういうときに使うものだ」と一切取り合わない。

その後の江戸市街地の再建では、火災に強い町割りが新たに施された。それまで密集していた家屋が郊外へと移され、広小路《ひろこうじ》の敷設や河川への架橋《かきょう》、川幅の拡張工事なども実施された。現在の上野広小路や両国橋は、このときにつくられたものである。

この火災では江戸城も西の丸を除いて焼失したが、正之は本丸、二の丸、三の丸は再建したものの、天守は再建しなかった。「天下は泰平であり、役に立たない設備のために金を使うべきではない」というのがその理由である。武家の面子《めんつ》が重んじられていた当時にあって、正之の発想は革新的といえるだろう。

いち早く幕府の海防政策の不備を指摘した林子平

〈生年〉1738（元文3）年
〈没年〉1793（寛政5）年

18世紀後半は、幕府の国防政策のターニングポイントであった。ロシア帝国の使節アダム・ラクスマンの来日以降、ロシアやアメリカ、イギリスなど列強諸国の軍艦や商船の来航が増加し、幕府はその対応に追われることとなる。しかし、いずれそうした状況になることは、経世家の林子平《はやししへい》によって予言されていた。

1738（元文3）年に幕臣の子として生まれた子平は、姉が仙台藩主・伊達宗村《むねむら》の側室になったことで、兄とともに仙台藩の禄《ろく》を受けていた。子平は教育や経済政策に関する提言を藩に行なうも受け入れられず、禄を返上して兄の部屋住みとなる。

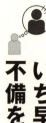

『赤蝦夷風説考《あかえぞふうせつこう》』を著した仙台藩医の工藤平助《くどうへいすけ》と親交のあった子平は、さらに見聞を広めるため全国を周遊し、江戸では大槻玄沢《おおつきげんたく》、宇田川玄随《うだがわげんずい》、桂川甫周《かつらがわほしゅう》といった蘭学者と交流を持った。

長崎にも何度か赴き、オランダ人からは当時の国際情勢を学んだ。ロシアが南下政策を推し進めていることを知り、蝦夷地開発と海防の必要性を感じた子平は、1785（天明

5）年に『三国通覧図説《さんごくつうらんずせつ》』、1787（天明7）年に『海国兵談《かいこくへいだん》』を刊行する。幕政批判につながる内容であったために協力してくれる版元が見つからず、みずから版木を彫っての自費出版であった。

「江戸は中国やオランダと海でつながっているにもかかわらず、防備はなおざりになっている」と、海防の不備を指摘した『海国兵談』は世間に衝撃を与えたが、幕府は「人心を惑わす」としてこの2冊を発禁処分とし、『海国兵談』に関しては版木《はんぎ》も没収してしまう。

国元での蟄居《ちっきょ》処分が言い渡された子平は、「親も無し 妻無し子無し版木無し 金も無けれど死にたくも無し」と自身の不遇をうたい、1793（寛政5）年に病死した。ラクスマンが根室に来航したのはその前年であり、子平の予言は早くも的中するのである。

幕府は子平の存命中から蝦夷地（現在の北海道）の直轄化を見据えた北方調査団を派遣しているが、開発が本格化するのは子平の死後である。相次ぐ外国船の来航に対しては「異国船打払令」が導入され、全国の沿岸部に大砲が設置された。これはまさに子平が提唱していたことであり、著作の価値も見直されることになった。

仙台市青葉区にある子平町の町名は、この地に墓所のある子平に由来する。墓石の横に立つ碑には子平を尊敬していた伊藤博文の漢詩が刻まれており、「海内幾多士 君獨着先鞭」（国内に人は多くいるが、君だけが先を行っていた）と、その業績を称えている。

韮山に反射炉を建造した伊豆の代官・江川英龍

〈生年〉１８０１（享和元）年
〈没年〉１８５５（安政２）年

唐突だが、日本で初めてパンを焼いた人物をご存じだろうか。パンはポルトガル人によって16世紀中ごろに日本へ伝わり、織田信長も口にした記録が残る。間もなく製法も伝えられたが、自作した人物は長い間現れず、幕末期の幕臣・江川英龍《えがわひでたつ》が自宅の竈《かまど》で焼いた乾パンが日本におけるパン製造の起源とされている。

江川家は伊豆（現在の静岡県南部）韮山《にらやま》の代官を担う一族であり、英龍は１８３５（天保6）年に35歳で父の職を引き継いだ。代官としての英龍は民政に心を砕き、農政家の二宮尊徳を招いて農業生産力を高めたほか、天然痘《てんねんとう》を予防する種痘の接種なども広めた。

当時は外国船舶の日本近海への来航が相次いでおり、相模湾沿岸の領主であった英龍は海防の意識も高めていく。遊学先の長崎では砲術家の高島秋帆《しゅうはん》から西洋砲術を修得。のちに自身も私塾を開き、門下生には佐久間象山《さくましょうざん》、桂小五郎（のちの木戸孝允《きどたかよし》）、大鳥圭介《おおとりけいすけ》らそうそうたる面々が名を連ねる。

また、江川家が統治した地域には武蔵《むさし》（現在の埼玉県、東京都、神奈川県の一部）の多摩も含まれており、英龍が提唱する農兵思想の下、一帯では農民による自警意識が高まっていく。近藤勇《こんどういさみ》が宗家を務める天然理心流の門下生も増大し、非武士階級を中心とする新選組にも影響を与えたと考えられている。兵制改革は英龍が追求していたテーマのひとつであり、冒頭で触れたパン製造も戦場における携行食としての活用を想定したものであった。

その後、老中の阿部正弘に抜擢された英龍は、江戸湾岸の防備強化を主導し、品川沖の人工島に5基の砲台場を建造する。1854（嘉永7）年に再来日したペリー提督の上陸地が品川から横浜に変更されたのは、一説に品川の砲台を警戒したからだという。

加えて英龍は大砲を鋳造する反射炉の建造にも着手しているが、完成を待たず1855（安政2）年に54歳で死去した。息子の英敏《ひでとし》によって2年後に完成した韮山反射炉は、幕府直営の反射炉として9年間稼働し、18ポンドカノン砲など洋式大砲数門が鋳造された。英龍の功績を象徴するその遺構は、「明治日本の産業革命遺産」として、2015（平成27）年にユネスコ世界文化遺産に登録されている。

静岡県伊豆の国市にある国指定史跡「韮山反射炉」。

工業立国・日本の原点!? 横須賀造船所を建てた小栗忠順

〈生年〉1827（文政10）年
〈没年〉1868（慶応4）年

「上野介《こうずけのすけ》」の通称で知られる小栗忠順《おぐりただまさ》は、幕末の徳川幕府において勘定奉行や外国奉行など要職を歴任した。勘定奉行は現代の財務大臣にあたり、1990年代には小栗が密かに隠したとされる幕府の公金を発掘するテレビ番組が話題となった。小栗上野介といえば、この「徳川埋蔵金」を真っ先に思い浮かべる人は現在も多いだろう。しかし、小栗を語るうえで欠かせないのは、真偽不明の埋蔵金伝説などではなく、工業・商業分野での日本への貢献である。

1860（安政7）年、幕府は日米修好通商条約を批准するための使節をアメリカに派遣し、小栗もその目付《めつけ》（監察役）として同行した。海軍造船所を視察した小栗は、同じ形状のネジが大量生産されている様子に衝撃を受け、西洋列強に追いつくためには工業の発展こそ急務であると確信する。

帰国後の1865（慶応元）年、小栗はかねてより計画していた横須賀造船所の建設に着手するが、莫大な資金を要する事業であり、同僚からの反対意見は多かった。これに対して小栗は、「幕府の運命には限りがあるが、日本の運命には限りがない。家屋を売るにしても、土蔵付きで売ったとなれば徳川の栄誉ではないか」と答えたという。

小栗の先見性は造船所の経営にも表れており、首長に任命されたフランス人技師の下で洋式簿記や労災制度などが導入される。横須賀造船所は、企業経営の近代化にも先鞭をつけたといえるだろう。

加えて小栗は、1867（慶応3）年に日本初の株式会社である兵庫商社を設立し、翌年には日本初の本格的なホテルである築地ホテル館も設立している。この築地ホテル館に関しては、用地は幕府が貸し、資金は町人の組合に集めさせる手法が採られた。公共サービスの提供に民間資本を用いるPFI事業が、当時すでに行なわれていたのである。

日本の近代化に多大な功績を残した小栗であったが、戊辰《ぼしん》戦争では主戦論者であったため、勝海舟ら恭順派の幕僚と激しく対立。論戦に敗れた小栗は隠棲《いんせい》先の上野（現在の群馬県）権田《ごんだ》村で官軍にとらえられ、斬首という非業の最期を遂げた。

横須賀造船所が完成したのは、小栗の死から3年後の1871（明治4）年である。建造された艦船は日清・日露戦争で日本に勝利をもたらし、帝国海軍の東郷平八郎は「日露戦争で日本が勝てたのは小栗のお陰」と、その功績を賞賛した。小栗の言葉どおり、幕府の遺産は明治政府に引き継がれ、日本は世界有数の工業国へと躍進するのである。

坂本龍馬ではなかった!? 「薩長同盟」の立役者は小松帯刀

〈生年〉1835（天保6）年
〈没年〉1870（明治3）年

幕末の薩摩藩が生んだ英傑といえば、西郷隆盛と大久保利通の名が真っ先に挙げられる。この2人はもとは下級武士であり、本来であれば他藩や朝廷との交渉を担える身分ではなかった。彼らが存分に能力を発揮できたのは、薩摩藩家老・小松帯刀《たてわき》（清廉《きよかど》）のサポートがあったからにほかならない。

小松はかつて大隅《おおすみ》（現在の鹿児島県東部、奄美諸島）の戦国大名だった肝付《きもつき》家に生まれ、21歳のときに吉利《よしとし》領主・小松家の婿養子となる。肝付家も小松家も薩摩の名門だが、小松は身分の上下に固執しない気さくな人柄で、西郷と大久保にとってはよき上司であった。

1866（慶応2）年3月に結ばれた、いわゆる「薩長同盟」は西郷と坂本龍馬の動向にのみスポットライトが当てられることが多い。しかし条文の策定を主導したのは言うまでもなく、藩の上層部である。つまり薩摩藩では小松であり、長州藩では木戸寛治（桂小五郎、のちの木戸孝允）だ。

交渉の場で木戸が求めたのは、有事の際の出兵を含む薩摩藩の軍事協力である。しかし薩摩藩の国父《こくふ》（藩主の父）・島津久光《ひさみつ》は、完全に佐幕方針を捨てたわけではない。そこで小松は「薩摩が決戦におよぶ相手は幕府ではなく一会桑《いちかいそう》（一橋慶喜《ひとつばしよしのぶ》、会津《あいづ》藩、桑名《くわな》藩）」とする条文を盛り込んだ。これならば久光と長州、双方の要求を満たすことができ、久光の事後承諾も容易に得ることができる。薩長同盟の5番目の条文は、小松の優れた政治センスの表れといえるだろう。

　小松は明治政府においても要職を歴任した。版籍奉還が行なわれた際はみずから率先して家禄を返上し、ほかの薩摩藩士もこれに続いた。しかし激務が祟《たた》ったのか、1870（明治3）年に35歳の若さでこの世を去った。

　龍馬は大政奉還が行なわれる前に新政府の人事構想を披露しており、そこには西郷、大久保、木戸の上に小松の名が記されていたという。今日では「幻の宰相」とも呼ばれる小松だが、もし病に犯されていなければ、その3人とともに明治政府の中核を担っていたに違いない。

薩長同盟盟約覚書（要約）

一、長州藩が幕府と戦争になったら薩摩藩は2000ほどの兵を送り、京都、大坂の守りを固める

一、長州藩が勝利する戦況になった場合、朝廷に進言して調停に尽力する

一、長州藩が負けた場合、長州藩を救うために尽力する

一、薩摩は長州の冤罪を免ずるよう尽力する

一、一橋、会津、桑名などが薩摩の妨害に出るようなら薩摩も決戦におよぶ

一、戦争後は勝敗にかかわらず国と天皇の威光回復のために尽力する

薩長同盟では薩摩藩も兵を出すこと、朝敵となった長州藩の名誉回復に努めることなどが取り決められた。

坂本龍馬より早く薩長の連携を目指した中岡慎太郎

〈生年〉1838（天保9）年
〈没年〉1867（慶応3）年

坂本龍馬とともに討幕を推し進め、ともに暗殺された中岡慎太郎《しんたろう》。龍馬の活躍のみクローズアップされることが多いが、薩長同盟の成立やその後の政局における中岡の貢献度は、けっして龍馬に劣るものではない。

中岡は1838（天保9）年、土佐（現在の高知県）の大庄屋《おおじょうや》の家に生まれた。学問や剣術修行に勤しむ中で尊皇攘夷思想に目覚め、1861（文久元）年に武市瑞山《たけちずいざん》が結成した政治結社である土佐勤皇《きんのう》党に加盟。龍馬と出会ったのはこのころとみられている。

1863（文久3）年、尊攘派の公家が御所から追放される「八月十八日の政変」が起こると、土佐藩でも尊攘派に対する弾圧が始まる。長州藩士の久坂玄瑞《くさかげんずい》と親交のあった中岡は脱藩して長州に亡命し、禁門の変や下関戦争にも加わった。

1864（元治《げんじ》元）年の第一次長州征伐の戦後処理では、薩摩藩とも関係を持つ。征長軍参謀の西郷隆盛は長州藩への寛大な処分を幕府に求めており、そこに雄藩連合の可能性を見出した中岡は薩長を結びつける方法を模索しはじめる。この動きに同調したのが龍馬である。つまり薩長同盟の締結に向けて動き出したのは、龍馬より中岡のほうが先だったのだ。

2人の奔走により、薩長同盟は1866（慶応2）年3月に成立した。しかし2人の討幕に向けた思惑は異なる。

薩長と同じく武力による討幕を目指す中岡は、1867（慶応3）年5月に薩摩藩と土佐藩の間で「薩土密約《さっと》」を成立させた。これは有事の際に土佐藩が薩摩藩に合力することを定めた軍事協定である。ただし、土佐藩の前藩主・山内容堂《やまうちようどう》が武力行使に消極的であったため、両藩の家老である小松帯刀と乾《いぬい》退助（のちの板垣退助）の私的な協約という形で結ばれた。

一方の龍馬も武力行使自体は否定していないが、より平和的な方法を模索しており、大政奉還を含む「船中八策《せんちゅうはっさく》」を土佐藩家老の後藤象二郎に提案する。同年6月には大政奉還を薩摩藩にも認めさせるべく「薩土盟約」を結ぶが、薩摩藩が武力討幕の方針を優先したため、わずか3カ月足らずで解消された。

龍馬と中岡の暗殺後に勃発した戊辰戦争では、薩土密約の下で板垣退助が土佐藩兵を率い、官軍主力部隊の一翼を担《にな》った。討幕運動で薩長に遅れを取った土佐藩が戊辰戦争や明治政府で存在感を発揮できたのは、中岡が主導した薩土密約があればこそなのである。

ユダヤ難民を数多く救った陸軍軍人・樋口季一郎

〈生年〉1888（明治21）年
〈没年〉1970（昭和45）年

ユダヤ人を救った日本人といえば、「東洋のシンドラー」こと外交官の杉原千畝《ちうね》が有名だ。第二次世界大戦の最中、リトアニア・カウナスの領事館に勤務していた杉原は、ナチスドイツの迫害を受けていたユダヤ難民に大量のビザを発行し、亡命を手助けした。

じつはその2年前にも、ユダヤ人を救った日本人がいたことはほとんど知られていない。その日本人とは、陸軍軍人の樋口《ひぐち》季《き》一郎《いちろう》である。樋口は1888（明治21）年に兵庫県の淡路島で生まれた。陸軍大学ではドイツ語とロシア語を学び、入隊後もソビエト連邦関係の仕事に従事。陸軍きってのソ連通と呼ばれるようになる。

1937（昭和12）年には特務機関長として、大日本帝国の傀儡《かいらい》国家であった満州国のハルビンに赴任する。翌年1月に開催された第1回極東ユダヤ大会では「ユダヤ人追放の前に、彼らに土地を与えよ」との演説を行なっている。これはナチスドイツの政策を批判するものであり、ユダヤ人コミュニティで樋口の名が広まることとなる。

事件が起こったのはその2カ月後。満州とソ連の国境にあるソ連領オトポールに、ナチ

1930年代の東アジアの情勢

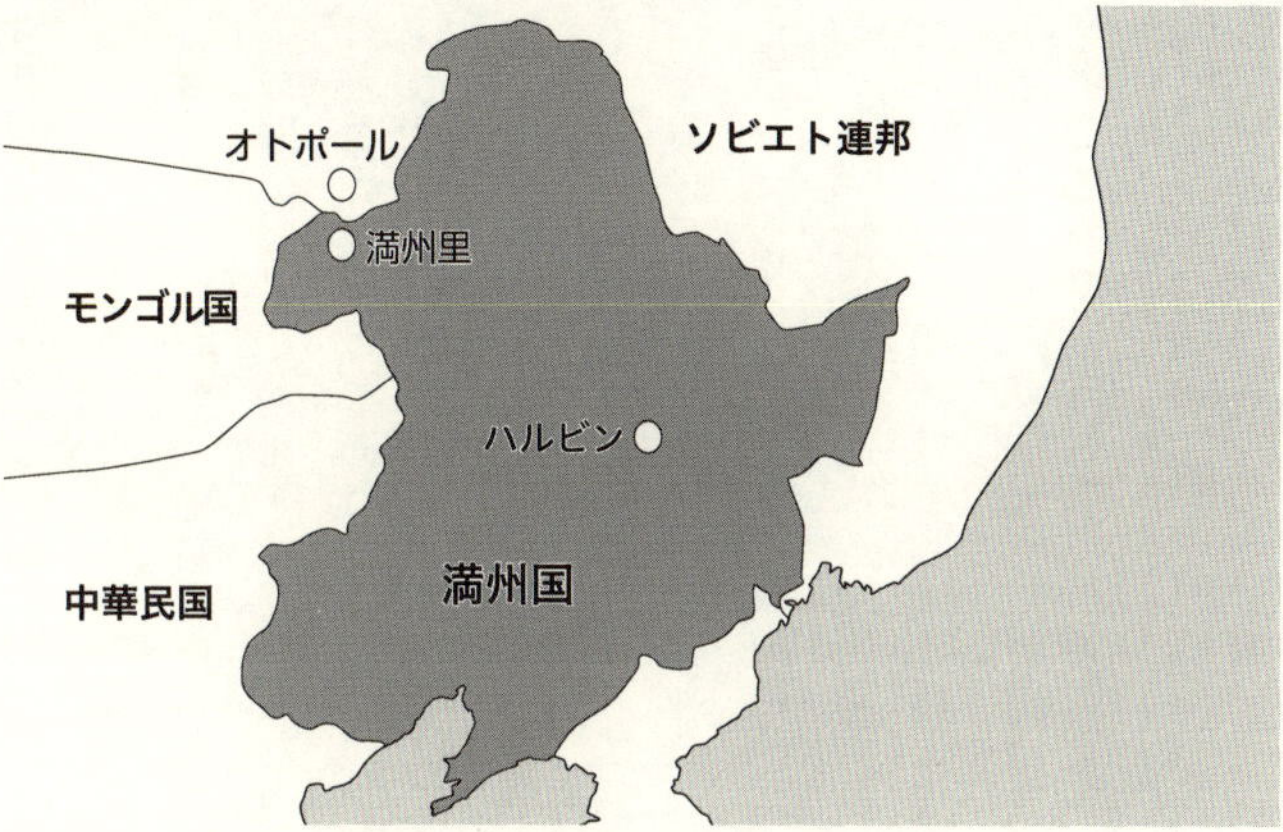

ヨーロッパからソ連を横断して、ユダヤ難民が満州国へ逃げのびてきた。

スの迫害から逃れようとするユダヤ難民が大挙押し寄せた。彼らは満州経由で上海などに亡命することを望んでいたが、満州政府は日独防共協定を理由に入国許可をためらっていた。当時の天候は吹雪であり、すでに凍死者や餓死者も出はじめていた。

ユダヤ人協会代表の医師アブラハム・カウフマンから報告を受けた樋口は、すぐさま難民の救済に取り掛かる。衣類や食料、医師を手配し、満州鉄道総裁の松岡洋右《ようすけ》には国境の満州里《まんしゅうり》からハルビンまでの特別列車を要請した。

難民を乗せた列車がハルビン駅に到着したのは、2日後のこと。このときの救出経路は「ヒグチ・ルート」と呼ばれ、その後も多くのユダヤ難民がこのルートを通ってナチスの迫害から逃れた。

事件後、ドイツ外相リッベントロップから抗議文が届き、樋口の行為は日独の外交問題に発展する。関東軍総参謀長の東条英機に呼び出された樋口は、「ヒトラーのお先棒を担いで弱い者いじめをするのが正しいのですか」と毅然とした口調で主張し、独断で行なわれた難民救出は不問となった。

大戦末期を迎えると、樋口は第五方面軍を指揮して占守島《しむしゅ》と樺太《からふと》を守備し、日本の降伏後に侵攻してきたソ連軍と戦った。とくに占守島での樋口の徹底抗戦がなければ、北海道は分断されていた可能性もあったとみられている。

戦後、スターリンは東京裁判で樋口を戦犯に指名し、身柄の引き渡しを連合国に要求したが、マッカーサーはこれを拒否した。ニューヨークに本部を置く世界ユダヤ人協会が樋口の支援に動いていたのである。

樋口が救ったユダヤ難民の数は諸説ある。最も多いものでは2万人だが、これは後年に出版された樋口の回顧録の誤植か、あるいは改竄《かいざん》とみられている。このほかにも80〜数千人と、研究者が唱えている説には幅があり、真相はいまだ不明だ。

しかし、ドイツと同盟を結んでいた日本の軍人が、ユダヤ難民を救ったという事実は変わらない。

PART6

全国ではイマイチでも、地方では知名度抜群の人物

関連の地は100カ所以上！北海道にある松浦武四郎の足跡

〈生年〉1818（文化15）年
〈没年〉1888（明治21）年

2018（平成30）年は、「北海道」という地名が生まれてから150周年にあたる。同年に北海道新聞と北海道大学が共同で実施した道内のアンケートでは、「北海道150年で最も功績があった人は？」という質問項目で、松浦武四郎《まつうらたけしろう》がトップの座に輝いた。

これほどまでに道民の尊敬を集める武四郎だが、じつは北海道の生まれではない。出身地は伊勢（現在の三重県）の須川村（松阪市）だ。では、彼の業績は何か？　幕末から明治期に北海道開拓の先駆者となり、「北海道」という地名のきっかけをつくったことだ。

武四郎は郷士の子として生まれ、16歳のとき郷里を離れ、江戸や京都で遊学しながら各地の山や離島の探険をくり返した。長崎に滞在時、蝦夷地《えぞち》（現在の北海道）の周辺でロシアが勢力を広げていることを知り、防備のため蝦夷地の調査が必要だと思い立つ。

1845（弘化《こうか》2）年、武四郎は28歳で初めて蝦夷地に渡る。これ以降、アイヌの協力を得ながら蝦夷地のみならず樺太や千島列島の探険をくり返し、日本初の蝦夷地の全図を作成し、蝦夷地の地形や自然環境、アイヌの生活や言語についての著作を発表した。

武四郎の活動は、蝦夷地の統治を任されていた松前藩による防備や調査の不足、酷使されるアイヌの劣悪な待遇などを知らしめるものだったので、松前藩からは煙《けむ》たがられる。だが、1853（嘉永《かえい》6）年にアメリカのペリー提督が来航したのを契機に、幕府は西洋列強への防備を強く意識するようになり、武四郎を蝦夷地御用掛《ごようがかり》の任につけた。

武四郎は引き続き蝦夷地の内陸や樺太《からふと》の調査を進めたが、1859（安政6）年に職を辞した。この背景には、長州の吉田松陰など勤王の志士と親交が深かったことや、アイヌの待遇を問題視する日誌が公開を許されなかった点などがある。

蝦夷地を去ったのちは著述活動に専念したが、明治維新後、新政府の開拓判官に抜擢され、このとき「給料はいらない」と言ったが却下されている。着任後は蝦夷地の名を改めることを提言し、「北加伊道」「海北道」「海東道」「日高見道」「東北道」「千島道」という6案を提示。「北加伊道」が採用されたうえで、古くからある「東海道」や「西海道」といった地方区分にならって「北海道」と記されるようになる。

だが、武四郎は翌年にまたも職を辞してしまう。その大きな理由は、民間の商人がアイヌを薄給で働かせる場所請負制度の廃止を訴えたが、受け入れられなかったためだ。

広大な北海道では、武四郎の石碑や立像、武四郎の資料が置かれた歴史館、かつて武四郎が立ち寄ったという案内板がある場所などが、100カ所以上もあるという。

レコードの題材にもなった 坂東武士の鑑・畠山重忠

〈生年〉1164（長寛2）年
〈没年〉1205（元久2）年

埼玉県深谷《ふかや》市は、2024年から使われる新1万円札の肖像に決定した明治の大実業家・渋沢栄一の出身地だ。その渋沢より700年あまり前、深谷が生んだもう1人の偉人が、「坂東《ばんどう》武士の鑑《かがみ》」と呼ばれた畠山重忠《はたけやましげただ》である。深谷市内には畠山重忠公史跡公園があり、埼玉県内には重忠ゆかりの神社仏閣などの史跡が20カ所以上もある。1970年代から埼玉県知事だった畑和《はたやわら》は、重忠を称える「重忠節《しげただぶし》」を作詞し、人気歌手の三橋美智也《みはしみちや》が歌ったシングルレコードも発売されている。

重忠は平安時代末期、現在の深谷市から熊谷市にあたる畠山荘を治める畠山重能《しげよし》の子として生まれた。1180（治承4）年に源頼朝が挙兵したとき、畠山氏は平家側の大庭《おおば》氏に従っていたが、16歳の重忠は頼朝の力を認めてその臣下となる。

以降の重忠は、源義経とともに宇治川の戦い、一ノ谷の戦いなどで次々と軍功を立てた。義経は一ノ谷の戦いで、急斜面を馬で駆け下りて平家の軍勢に強襲をかける「鵯越《ひよどりごえ》の逆《さか》落《お》とし」を敢行したと伝えられる。『源平盛衰記《げんぺいせいすいき》』では、このとき重忠は馬をいたわって自分が馬を担《かつ》いで崖を下ったとされている。さすがに後世の創作だろうが、そんな伝説が生まれるほどに、力強さと心根の優しさを兼ね備えた武士だった。

平家が滅んだのち、重忠が地頭を務める伊勢（現在の三重県）の沼田御厨《ぬまたみくりや》（松阪市）で代官がトラブルを起こし、重忠は捕縛されてしまう。これは重忠の責任とはいえなかったが、重忠は黙って7日間にわたり絶食して命を絶とうとした。この態度に感銘を受けた頼朝は重忠を許す。だが、重臣の梶原景時《かじわらかげとき》が「重忠は謀反を企《くわだ》てている」と頼朝に吹き込む。重忠は頼朝に従う起請文《きしょうもん》（誓約の文書）の提出を求められたが、堂々と「自分の心に偽りはないので起請文など必要ない」と述べ、かえって頼朝の信頼を勝ち取った。

重忠は義経討伐の奥州合戦にも参加し、1190（建久《けんきゅう》元）年に頼朝が初めて京都に上洛したときと5年後に再び上洛したときは、頼朝の腹心として軍勢の先陣を務めた。しかし、1199（建久10）年に頼朝が死去して以降は、頼朝の義父として鎌倉幕府の実権を握った北条時政としだいに折り合いが悪くなってしまう。重忠は謀反《むほん》の疑いをかけられ、息子の重保《しげやす》ともども北条軍に討ち取られて畠山一族は滅亡する。

このように最期は悲惨ながら、重忠の生き様は武士の手本と称賛された。鎌倉時代後期に成立した『曾我《そが》物語』では曾我兄弟の敵討ちを助ける役で登場したり、源平合戦を題材とした歌舞伎・浄瑠璃《じょうるり》の『阿古屋《あこや》』でも話の中心的な役を務めている。

海なし県が生んだ海軍の先駆者
先見の明にあふれた赤松小三郎

〈生年〉１８３１（天保２）年
〈没年〉１８６７（慶応３）年

内陸に位置する長野県（旧信濃《しなの》）は当然、海と接していない。しかし、明治時代の日本海軍の重鎮・東郷平八郎、伊東祐亨《いとうゆうこう》、上村彦之丞《かみむらひこのじょう》らが絶大にリスペクトした人物を輩出している、それが兵学者・赤松小三郎《あかまつこさぶろう》だ。東郷は日露戦争の勝利後、「われわれがロシアを撃破できたのも、思えば赤松先生の薫陶《くんとう》の賜物《たまもの》」と語っている。

小三郎の出身地は信州《しんしゅう》の上田、かつて真田昌幸《さなだまさゆき》・幸村父子が根拠地としていた土地だ。下級藩士の芦田《あしだ》家に生まれた小三郎は、18歳で江戸に出て数学を学ぶうちに、西洋兵学を研究していた下曽根信敦《しもそねのぶあつ》の門弟となる。ほどなく浦賀にアメリカ海軍のペリー提督が来航し、西洋兵学の重要性が急速に高まった。小三郎は同郷の赤松家の養子となったのち、勝海舟の従者となり、長崎海軍伝習所で最新の航海術と兵法を本格的に研究する。

１８５９（安政６）年、小三郎は咸臨丸《かんりんまる》での訪米使節に志願するが、主君の松平忠固《ただくに》が大老の井伊直弼と対立していたためか許されなかった。長崎海軍伝習所が閉鎖されると、上田に帰郷し、同じ信濃の松代《まつしろ》藩士である佐久間象山《さくましょうざん》とも親交を結んだ。

1864（元治元）年、再び江戸へ出てきた小三郎は横浜で英語を学び、浅津富之助《あさづとみのすけ》（のちの海軍主計官・南郷茂光《なんごうしげみつ》）と協力してイギリスの軍学書を翻訳した『英国歩兵練法』を刊行した。これは日本の軍人教育の基本書となる。軍事教練のみならず学校の体育でも使われる「気ヲツケ」「前へススメ」などの号令は小三郎が定めたものだ。

小三郎の先進的な知見は、軍事にとどまらない。郷里の上田では早くから身分制度にとらわれない人材登用を唱え、1867（慶応3）年には、二院制の議会政治、普通選挙、立憲君主制などの要素を盛り込んだ建白書を、薩摩藩主の島津久光《ひさみつ》や幕府に提出した。これは、坂本龍馬による「新政府綱領八策」に先んじたものだ。

ほどなく小三郎は薩摩藩に兵学の講師として雇われ、京都の薩摩藩邸で東郷や村田新八《しんぱち》、野津道貫《のづみちつら》など後年の海軍・陸軍の重鎮となる者たちの教育にあたる。だが、小三郎の基本方針は公武合体（皇室と幕府の協調）で、武力による倒幕に反対したが西郷隆盛には聞き入れられず、上田に帰郷しようとしたところで暗殺されてしまう。実行犯は薩摩の中村半次郎（桐野利秋《きりのとしあき》）らで、小三郎が幕府に協力するのを恐れたためだった。

かくして、小三郎は明治維新を前にはかなく散った。しかし、現在も長野県内では尊敬を集め、例年、上田市民の有志が結成した赤松小三郎顕彰会によって赤松小三郎生誕祭が開催され、地元の国会議員や県議、市議も参加している。

死後150年を経て評価された岐阜県民の大恩人・平田靱負

〈生年〉1704（宝永元）年
〈没年〉1755（宝暦5）年

平田靱負《ひらたゆきえ》は、鹿児島県が生んだ岐阜県で深く敬愛される武士だ。岐阜県海津《かいづ》市の大榑河《おおぐれか》畔《はん》の道は「平田靱負ロード」と呼ばれ、市内には靱負の像が立つ平田公園もある。なにゆえ、故郷を遠く離れた地でここまで名を残すことになったのか。

江戸時代中期、靱負は薩摩藩の家老を務めていた。当時は幕府が地方の大名を土木工事に動員する「御手伝普請《おてつだいぶしん》」という制度があり、財力も人員も豊富と見られていた薩摩藩は、美濃《みの》（現在の岐阜県南部）で木曽三川《きそさんせん》（木曽川、長良《ながら》川、揖斐《いび》川）の治水工事を命じられる。靱負は藩主の島津重年《しげとし》から作業の責任者に任命され、1753（宝暦3）年、50歳手前にして家臣とともに美濃へ向かう。美濃の民は薩摩藩士らを歓迎した。

木曽三川の流域は地形が複雑で、石材も木材も入手しにくく工事は難航をきわめた。費用は薩摩藩が提供することになっていたが出費は重む一方で、40万両（薩摩藩の年間予算の2年分）もの支出を強いられる。しかも、幕府が派遣した目付役らは非常に口うるさく、すでに工事が完了していた部分の費用まで薩摩藩に支払わせた。加えて現場では不衛生な環境のため赤痢《せきり》が流行して病死者も続出し、のべ1000人近い参加者の中から、80人以上もの犠牲者を出した。

作業に関わった薩摩藩士らは「幕府がこの仕事を命じたのは関ヶ原の戦いで徳川家に弓を引いた腹いせか？」「なぜ縁もない他国の民のため働かねばならんのだ」と怒ったが、靱負は「日本人たる者みな同朋《どうほう》ではないか」と説いて藩士らを叱咤《しった》する。1755（宝暦5）年に工事は完成した。ところが、靱負は藩に多くの負担を強いた責任を痛感して自刃《じじん》した。辞世の句は「住み馴《な》れし里もいまさら名残りにて　立ちぞわづらふ美濃の大牧」というもので、いかに美濃の地に愛着が深かったかがうかがえる。

この一件は後世には「宝暦治水事件」と呼ばれることになるが、薩摩では長らく忘れ去れていた。その大きな理由は、工事の実質的な主体は薩摩藩ながら、あくまで幕府の事業とされていたためだ。明治時代末期、海津市の少し南に位置する三重県桑名市出身の豪農・西田喜兵衛が靱負らの偉業を丹念に調査して発表し、ようやく広く世に知られる。岐阜県内では「薩摩の恩を忘れるな！」という声が高まり、1938（昭和13）年には海津市内に靱負を祭神として祀る治水神社が建立された。

1959（昭和34）年には伊勢湾台風が東海地方で猛威を振い、多数の犠牲者を出したが、海津市内で200年前に薩摩藩士らが築いた堤防は崩れなかったという。

名古屋の商業を発展させた 派手好きの尾張藩主・徳川宗春

〈生年〉1696（元禄9）年
〈没年〉1764（明和元）年

名古屋人の通俗的イメージといえば、派手好きで、商売に長け、東京の流行に左右されず我が道を行くという印象はないだろうか。そんな名古屋人の気質に大きく影響を与えたといわれるのが、1730（享保《きょうほう》15）年に尾張《おわり》藩主となった徳川宗春《むねはる》だ。

三代藩主・綱誠《つななり》の二十男（あるいは十九男）として宗春は生まれ、後継者の候補から外れていたためか自由奔放に育つ。江戸屋敷に滞在していた青年期には、まだ名古屋では数の少なかった庶民向けの飲食店や吉原の遊郭にも足を運んでさまざまな遊びを覚え、身分に関わりなく町人とも親しく接していたという。

尾張藩では宗春の兄・吉通《よしみち》が四代藩主となるが、このあとの藩主は短命が続き、吉道の弟や子らも早世していたので、宗春が33歳で七代藩主となる。

派手好きで知られた宗春は、初めて藩主として名古屋に入るとき、浅黄色の頭巾にべっこうの丸笠、衣服は黒ずくめという独特なファッションで、長さ6間（3・6メートル）もの長大な煙管を家来に担がせ、それを優雅にくゆらせたともいう。ほかにも、白い牛にまたがって名古屋の町を見て回ったなど、奇抜なエピソードが知られている。

このころ、八代将軍の徳川吉宗は武家にも庶民にも質素倹約を説き、「享保の改革」を進めていた。だが、宗春は『温知政要《おんちせいよう》』を著して「倹約政策は人々を萎縮《いしゅく》させる。庶民は自由にさせるのがよい」と主張。そして、名古屋の町に芝居小屋や遊郭を築かせ、神社仏閣によるお祭りも派手にやらせた。やがて、名古屋には江戸や大坂から吉宗の政策で職を失っていた芸人や商人が次々と流入し、活気ある都市となっていく。

こうした政策の背景には、吉通が「将軍となるより尾張藩のために尽くせ」という家訓を定め、江戸に対する独自性を打ち出していた影響もあったようだ。

とはいえ、宗春の独自政策は幕府からにらまれることになる。藩の財政も赤字が重み、遊郭や芝居小屋の営業を縮小したり、藩士の遊興を戒めるなど軌道修正を余儀なくされる。それでも藩の重鎮や幕府の反発を抑えることはできず、結局、1739（元文4）年には藩主の座を退いて隠居謹慎の身となってしまった。

宗春は隠居謹慎の報を受けるや「尾張（終わり）の初ものなり」と駄洒落《だじゃれ》で返したとも伝えられている、事実とすればなかなか豪胆でユーモラスなエピソードだ。

宗春を愛する名古屋市民は今でも少なくない。名古屋市中区の栄《さかえ》には宗春の像が上部に乗った金色の郵便ポストがあり、開運スポットとして親しまれている。

金沢の観光収入にも貢献？台湾に寄与した八田與一

〈生年〉1886（明治19）年
〈没年〉1942（昭和17）年

「加賀100万石」のお膝元だったことで知られる石川県金沢市は、外国人観光客にも人気が高い。とりわけ多く訪れるのは中国人でもアメリカ人でもなく、台湾人である。その大きな理由は、戦前の台湾に最も貢献した日本人ともいわれる土木技師の八田與一《はったよいち》が金沢出身だったからだ。市内の金沢ふるさと偉人館では、化学者の高峰譲吉《たかみねじょうきち》、哲学者の西田幾《き》多郎《たろう》、仏教研究者の鈴木大拙《だいせつ》らとともに、與一の関連資料を常設展示している。

與一は1886（明治19）年に金沢市今町で生まれ、生家は国の登録文化財に指定されている。地元の第四高等学校を経て東京帝国大学土木科へ進んだのち、24歳で台湾総督府に土木部技手として赴任した。以来、台湾の地理事情を丹念に調査したうえで、台南市の上水道工事や、台湾各地での治水灌漑《かんがい》工事に尽力する。

その最大の仕事といえるのが、台湾南西部の嘉南《かなん》平原で1920（大正9）年から10年をかけて完成させた烏山頭《うさんとう》ダムだ。嘉南平原は年間の降水量が少なく、農業には適さない土地だった。だが、與一はアメリカやカナダの大規模ダムを参考にして、堤頂長《ていちょうちょう》127

台湾の烏山頭ダム。同ダムで嘉南平原は肥沃な大地へと生まれ変わった。

3メートルもの巨大ダムを完成させる。これは当時、東洋一の規模だった。さらに、農業用水を取り入れるため総延長1万6000キロメートルもの給排水路を築く。

ダムと水路の完成から3年が過ぎるころには、嘉南平原の荒れ地の多くが水田やサトウキビ畑になり、1ヘクタール当たりの農業生産量はじつに8倍も向上したという。

烏山頭ダムの完成から9年後、與一は局長クラスの勅任官となり、台湾での土木事業への貢献から勲五等瑞宝章《ずいほう》を授与される。

日米開戦後は陸軍省の命令で南方開発派遣要員としてフィリピンに渡ることになるが、乗っていた船が東シナ海でアメリカ軍潜水艦の攻撃を受け、1942（昭和17）年に56歳で生涯を終えた。

その業績は国際的な記念日に　津波から民を守った濱口梧陵

〈生年〉1820（文政3）年
〈没年〉1885（明治18）年

終戦直後の1946（昭和21）年、西日本の太平洋岸はマグニチュード8の昭和南海地震に見舞われた。震源の和歌山県南部では高さ6メートル以上もの大津波が発生したが、紀伊水道に面する広川《ひろがわ》町は大きな被害を免れた。その百年近く前、大商人の濱口《はまぐち》梧陵《ごりょう》が私費1572両をはたいて築いた広村堤防のおかげだ。この堤防は国指定の史跡とされ、広川町には梧陵の業績を伝える記念館と津波防災教育センターが建てられている。

梧陵は1820（文政3）年、紀伊（現在の和歌山県）に生まれた。一族が営んでいた濱口儀兵衛《ぎへえ》商店はのちのヤマサ醤油の前身で、ペリー提督が来航した時期に七代当主となり、海外事情にくわしい勝海舟や佐久間象山と交流を持つ。梧陵が深く関心を抱いていたのは、外国文化の導入、そして国防と防災だ。

1854（安政元）年、安政南海地震が紀伊の沿岸を襲う。このとき梧陵はいち早く津波の到来を予期し、稲刈り後のわらの束に火を放って、それを目印に村人たちを安全な高台へ誘導して避難させた。のちに作家のラフカディオ・ハーン（小泉八雲《やくも》）がこのエピソードをモデルにした短編を執筆し、海外でも知られるようになる。さらに昭和の初期には、和歌山県の小学校教師だった中井常蔵が『稲《いな》むらの火』というタイトルで梧陵の物語を書き、終戦直後の時期まで小学校の国語教科書に掲載された。

安政南海地震の翌年、梧陵は全長600メートル、高さ6メートルの広村堤防を築く。こうした防災事業の一方、外国軍の侵攻に備えて農村から有志を募って紀州農兵隊を組織した。また、身分に関わりなく優れた人材を育てることを唱えて私塾の「耐久社《たいきゅう》」をつくり、その後身が今も広川町立耐久中学校となって残っている。江戸でも伝染病予防のため西洋医学所（東京大学医学部の前身）に資金援助を行なった。

明治維新後の梧陵は、和歌山県大参事、初代の和歌山県会議長などを歴任する。自由民権運動が広まると、梧陵は県民の政治参加の環境を整えようと尽力したが、欧米視察旅行の途中、1884（明治17）年にニューヨークで死去した。

現在、Tsunami（津波）という語句は、地震にともなう大波による災害を指す用語として国際的に使用されている。2015（平成27）年には日本をはじめ、142カ国の提案を受けて国際連合で「世界津波の日」が定められた。その日付11月5日は、安政南海地震で梧陵が村人を救った日にちなんでのものである。

地元のゆるキャラになった 豊後鶴崎の女傑・妙林尼

〈生年〉不詳
〈没年〉不詳

郷土の歴史にちなんだゆるキャラは日本各地で数多い。大分県大分市の鶴崎《つるさき》商店街には、「妙林《みょうりん》ちゃん」というマスコットキャラクターがいる、白い頭巾をかぶって薙刀《なぎなた》を手にした尼僧姿で、なかなか可愛らしくも凛《りり》しい。そのモデルとなったのが、豊臣秀吉も感服させた豊後《ぶんご》（現在の大分県）の女傑・妙林尼《みょうりんに》（妙麟尼）だ。

戦国時代後期の九州では、豊後の大友《おおとも》氏と薩摩（現在の鹿児島県）の島津氏が覇を争っていた。妙林の夫は、大友宗麟《そうりん》の家臣で鶴崎を治めた吉岡鑑興《あきおき》だ。１５７８（天正６）年、南の日向（現在の宮崎県）へ勢力拡大をはかる大友氏は島津氏と衝突し、耳川《みみかわ》の戦いが起こる。戦闘は島津軍が勝利し、鑑興は戦死、残された妙林は尼僧となった。

宗麟は秀吉と盟約を結んで逆襲をはかるが、１５８６（天正14）年には島津軍が豊後に侵攻してきた。このとき、妙林の息子・統増《むねます》や鶴崎の主な将兵は宗麟のもとに参じており、妙林が城を守ることになる。『大友興廃記《おおともこうはいき》』や『豊薩軍記《ほうさつぐんき》』などによれば、彼女は農民に軍事教練を行なって鉄砲隊を編制、城の防備を固めて落とし穴のトラップを大量にしかけ、みずから薙刀を手にして前線に立ち、島津軍の攻撃を16回も退けた。
とはいえ島津軍は手ごわく、鶴崎城の兵糧にも限りがあるので、戦闘が長期化すると開城を余儀なくされる。妙林はしおらしい態度で島津軍の指揮官である伊集院久宣《いじゅういんひさのぶ》、白浜《しらはま》重政《しげまさ》ら敵方の武将の機嫌を取ったことで、薩摩軍はすっかり油断する。

豊臣秀吉の九州征伐時の勢力図

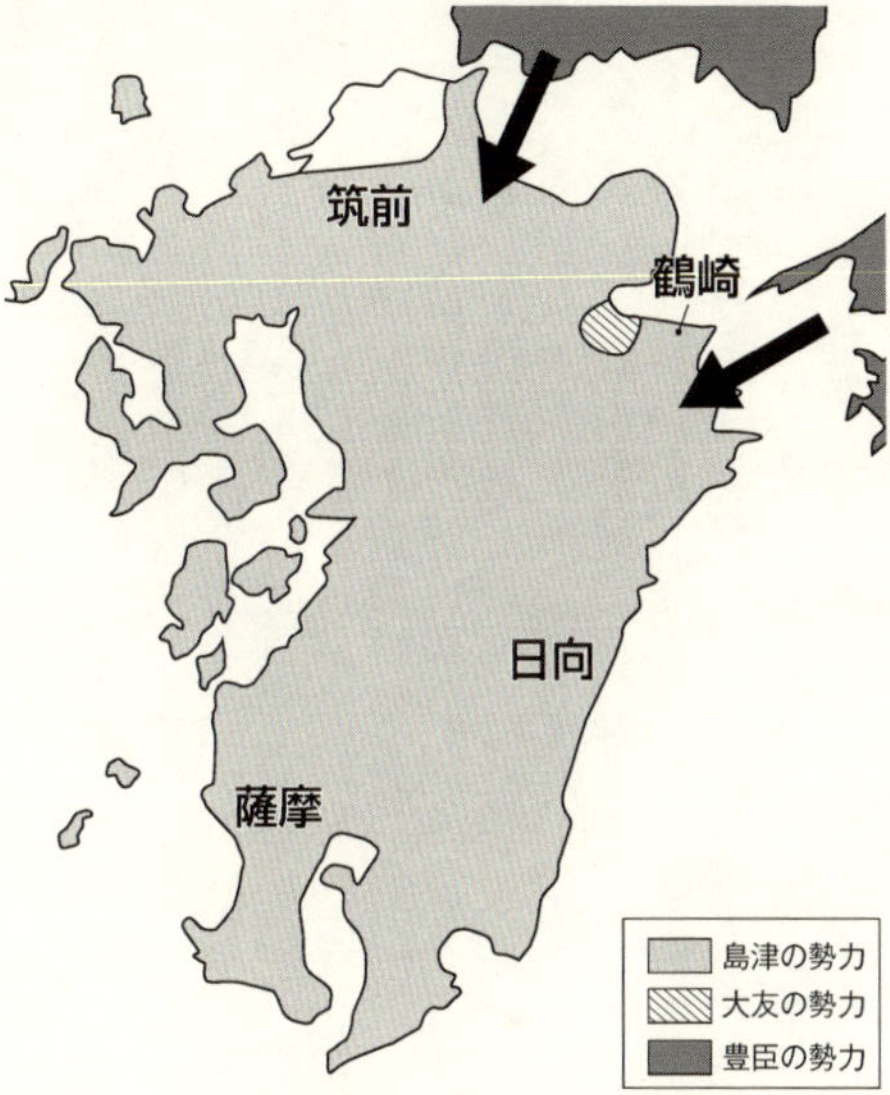

島津にとって九州の敵対する勢力は大友をはじめ、あとわずかのところで、豊臣秀吉軍が九州に上陸してくる。

年が明けて秀吉の派遣した援軍が九州に迫ると、島津軍は薩摩へと撤退を始めた。このとき妙林は、島津軍の退路に伏兵を忍ばせて、伊集院と白浜をはじめとして多くの将兵を討ち取った。

その後、九州入りした秀吉は妙林の知略と武勇にいたく感心し、恩賞を与えたいと申し出たが、妙林はそれを固く辞退したという。

■主な参考文献

『戦国時代人物事典』歴史群像編集部編（学習研究社）、『戦国武将ものしり事典』奈良本辰也監修（主婦と生活社）、『徳川幕府事典』竹内誠（東京堂出版）、『全国版 幕末維新人物事典』歴史群像編集部編（学習研究社）、『幕末維新なるほど人物事典』泉秀樹（ＰＨＰ文庫）、『学び直し日本史人物伝 戦国編』山本博文（角川文庫）、『明智光秀 史料で読む戦国史』藤田達生・福島克彦編（八木書店）、『明智光秀 残虐と謀略』橋場日月（祥伝社新書）、『歴史ＲＥＡＬ 明智光秀』（洋泉社）、『歴史群像シリーズ「戦国」セレクション 俊英 明智光秀』（学研）、『聖徳太子の「謎」』遠山美都男（宝島社）、『完本 聖徳太子はいなかった 古代日本史の謎を解く』石渡信一郎（河出書房新社）、『源義経の合戦と戦略 その伝説と実像』菱沼一憲（角川選書）、『中世武士選書29 斎藤道三と義龍・龍興 戦国美濃の下克上』横山住雄（戎光祥出版）、『山本勘助１０１の謎』川口素生（ＰＨＰ文庫）、『軍師・参謀 戦国時代の演出者たち』小和田哲男（中公新書）、『上杉謙信「義の武将」の激情と苦悩』今福匡（星海社新書）、『人物叢書 織田信長』池上裕子（吉川弘文館）、『人物叢書 伊達政宗』小林清治（吉川弘文館）、『直江兼続』今福匡（新人物往来社）、『前田慶次 武家文人の謎と生涯』今福匡（新紀元社）、『二代将軍・徳川秀忠 忍耐する〝凡人〟の成功哲学』河合敦（幻冬舎新書）、『日本史リブレット０４９ 徳川綱吉 犬を愛護した江戸幕府五代将軍』福田千鶴（山川出版社）、『人物叢書 徳川綱吉』塚本学（吉川弘文館）、『謎とき徳川慶喜 なぜ大坂城を脱出したのか』河合重子（草思社）、『徳川慶喜 知れば知るほど』永岡慶之助（実業之日本社）、『西郷隆盛』家近良樹（ミネルヴァ日本評伝選）、『工作員・西郷隆盛 謀略の幕末維新史』倉山満（講談社＋α新書）、『薩長史観の正体 歴史の偽装を暴き、真実を取り戻す』武田鏡村（東洋経済新報社）、『日本史上最高の英雄 大久保利通』倉山満（徳間書店）、『「坂本龍馬」の誕生 船中八策と坂崎紫瀾』知野文哉（人文書院）、『世界一よくわかる新選組』山村竜也（祥伝社）、『人物叢書 北条政子』渡辺保（吉川弘文館）、『人物叢書 紫式部』今井源衛（吉川弘文館）、『籤引き将軍 足利義教』今谷明（講談社選書メチエ）、『戦国最強の水軍 村上一族のすべて』『歴史読本』

編集部編（新人物文庫）、『中世武士選書25　駿河今川氏十代』小和田哲男（戎光祥出版）、『戦国北条五代』黒田基樹（星海社新書）、『宮本武蔵「兵法の道」を生きる』魚住孝至（岩波新書）、『田沼意次「商業革命」と江戸城政治家』深谷克己（日本史リブレット人）、『伊藤博文 知の政治家』瀧井一博（中公新書）、『野口英世の生きかた』星亮一（ちくま新書）、『歴史文化ライブラリー479　平氏が語る源平争乱』永井晋（吉川弘文館）、『戦争の日本史8　南北朝の動乱』森茂暁（吉川弘文館）、『戦国ドキュメント 松永久秀の真実』藤岡周三（文芸社）、『薩長同盟論 幕末史の再構築』町田明広（人文書院）、『歴史群像デジタルアーカイブス＜豊臣家臣団と戦国時代＞天下取りの功労者 豊臣秀長の忠誠心』安西篤子（学研プラス）、『人物叢書 行基』井上薫（吉川弘文館）、『台湾を愛した日本人（改訂版）』古川勝三（創風社出版）

このほか各自治体などのホームページを参考にしています。

カバーデザイン・イラスト／杉本欣右
本文デザイン・DTP／造事務所
文／村中崇、大河内賢、佐藤賢二
写真／フォトライブラリー

監修者

山本博文（やまもと ひろふみ）
1957年、岡山県生まれ。東京大学文学部国史学科卒業。同大学院人文科学研究科修士課程修了。文学博士。東京大学史料編纂所教授。1992年、『江戸お留守居役の日記』（読売新聞社、のち講談社学術文庫）で第40回日本エッセイスト・クラブ賞を受賞。主な著書に『歴史をつかむ技法』『「忠臣蔵」の決算書』（新潮社）、『東大流 教養としての戦国・江戸講義』（PHP研究所）、『東大流「元号」でつかむ日本史』（河出書房新社）、『流れをつかむ日本史』（KADOKAWA）など多数。また、NHK-Eテレ『知恵泉』、NHK-BS『偉人たちの健康診断』『ラジオ深夜便』などに多数出演。NHK-BS時代劇『雲霧仁左衛門』などの時代考証も担当。

※本書は書き下ろしオリジナルです。

じっぴコンパクト新書　371

JIPPI Compact

学校《がっこう》で教《おし》えない 日本史人物《にほんしじんぶつ》ホントの評価《ひょうか》

2019年11月15日　初版第1刷発行

監修者……山本博文
編著者……造事務所
発行者……岩野裕一
発行所……株式会社実業之日本社
〒107-0062　東京都港区南青山5-4-30
CoSTUME NATIONAL Aoyama Complex 2F
電話(編集)03-6809-0452
(販売)03-6809-0495
http://www.j-n.co.jp/
印刷・製本……大日本印刷株式会社

ISBN978-4-408-33899-6(第一趣味)